Stefanie Widmann, Andreas Wenzlau (Hrsg.)
Moderne Parabeln

Stefanie Widmann, München, selbständige Trainerin, hält Seminare mit den Schwerpunkten Kommunikation, Zusammenarbeit im Team, Konfliktmanagement, Trainerausbildung und Führungskräftecoaching.

Andreas Wenzlau, Emmendingen, Inhaber der Unternehmensberatung aw management consulting, ist Coach und Berater für Management, Führung, Kommunikation und KundenProfiling.

Stefanie Widmann, Andreas Wenzlau (Hrsg.)

# Moderne Parabeln

Eine Fundgrube für Trainer,
Coachs und Manager

Bibliografische Information der Deutschen Nationalbibliothek
Die Deutsche Nationalbibliothek verzeichnet diese Publikation in
der Deutschen Nationalbibliografie; detaillierte bibliografische Daten
sind im Internet über http://dnb.d-nb.de abrufbar.

Herausgeber und Verlag haben versucht, alle Quellen zu recher-
chieren. Da viele der im Buch abgedruckten Geschichten ihren
ganz eigenen Weg haben, von ihrem Ursprung bis zum hier auf-
geschriebenen Text, sind exakte Quellenangaben leider oft nicht
möglich. Sollten wir an irgendeiner Stelle eine Quelle vergessen
oder falsch angegeben haben, so bitten wir, diesen Irrtum zu ent-
schuldigen und uns darauf hinzuweisen, damit wir den Fehler
für weitere Auflagen des Buchs korrigieren können.

**ISBN 978-3-89578-306-7**

Verlag:  Publicis Corporate Publishing, Erlangen
         www.publicis.de/books
Lektorat: Dr. Gerhard Seitfudem

# Vorwort

In diesem Buch bieten wir Ihnen Geschichten an – Geschichten, die dazu dienen, eine Diskussion anzuregen, oder dazu beitragen sollen, eingefahrene Verhaltensweisen zu verändern.

Aber wie nennt man ein solches Buch? Geschichten zum Lernen? Gleichnisse für den praktischen Einsatz? Anschauliche Fabeln und Anekdoten? Sie sehen, die Wahl eines griffigen, verständlichen Titels ist gar nicht einfach!

Gleichnis, Fabel, Anekdote, Allegorie, Metapher, Parabel usw. sind alles literarische Gattungen, von denen jede auf ganz spezielle Weise einen Inhalt transportiert. Auf dem Weg zur Parabel möchten wir Ihnen nun einige davon kurz vorstellen, ohne dabei zu sehr in die Sprachwissenschaft einzusteigen.

Ein Gleichnis ist eine bildhafte rhetorische Figur zur Veranschaulichung eines Sachverhalts mittels eines Vergleichs. Die Bedeutung des Gleichnisses erschließt sich direkt im Text.

Die Anekdote (von griech. anékdoton, „nicht herausgegeben", also nicht veröffentlicht) ist eine literarische Gattung, die eine bemerkenswerte oder charakteristische Begebenheit, meist im Leben einer Person, zur Grundlage hat. Anekdoten sind knapp formuliert und haben eine Pointe.

Der Begriff „Fabel" bezeichnet eine in Vers oder Prosa verfasste kurze Erzählung mit belehrender Absicht, in der vor allem Tiere, aber auch Pflanzen, fabelhafte Mischwesen oder andere Dinge menschliche Eigenschaften besitzen (Personifikation) und handeln (Bildebene).

Die Allegorie (griech. allegoréo, „etwas anders ausdrücken") ist eine Form der indirekten Aussage. Dazu setzt man eine ähnliche oder verwandte Sache (ein Ding, eine Person, einen

Vorgang) als Zeichen für eine andere Sache (Ding, Person, Vorgang, abstrakter Begriff) ein.

Die Metapher (von griech. metaphorá, „Übertragung") ist eine rhetorische Figur – kürzer als die Allegorie – bei der ein Wort nicht in seiner wörtlichen, sondern einer übertragenen Bedeutung gebraucht wird, und zwar so, dass zwischen der wörtlich bezeichneten Sache und der übertragen gemeinten eine Beziehung der Ähnlichkeit besteht.

All das passt nicht auf das, was wir Ihnen mit diesem Buch präsentieren wollen! Und die Begriffe aus der Umgangssprache, Geschichte, Erzählung, Märchen sind genau so wenig geeignet. Schauen wir also, was man über die Parabel sagen kann!

Die Parabel (griech. Parabolé, „das Daneben-Gehende", also der Vergleich) ist eine Erzählung in der Vergangenheit, die eine unerwartete Wendung erfährt und bei der sich der Leser die Bedeutung, den Hintergrund selbst erschließt. Sie ist eine lehrhafte und kurze Erzählung. Die Parabel ist eine Aufforderung zum Erkennen und soll den Leser dazu bringen, das Gemeinte als Allgemeines herzuleiten.

Für uns ist nicht ausschlaggebend, ob unsere Parabeln der Richtigkeit im eigentlichen germanistischen Sinne genügen. Was wir wollen, ist: eine Diskussion anregen. Eine Diskussion für Trainer, Coachs und Führungskräfte, die ihren Gesprächspartnern Sachinhalte auf eine leichte, humorvolle und einprägsame Weise vermitteln wollen. Die dargebotenen Geschichten sollen dazu anregen, sie auf persönliche Art und Weise nachzuerzählen und sie nach Belieben zu verändern.

Die Fazits, die wir Ihnen zu jeder Geschichte bieten, sollen Sie unterstützen, in die Diskussion mit Ihren Gesprächspartnern zu treten. Dabei sind wir uns bewusst, dass unsere Fazits fast immer auch eine andere Deutung zulassen.

Um Ihnen sozusagen „die bestmögliche Anwendung" zu bieten, haben wir das Inhaltsverzeichnis des Buches thematisch gegliedert und zur Ergänzung des Inhaltsverzeichnisses einen Themenindex erstellt, aus dem Sie jeweils die richtige „Parabel" für Ihre Zwecke finden können. Hier – und mit den Fazits – weicht das Buch deutlich von ähnlichen Werken ab.

Wir wünschen unseren Lesern viel Spaß und Freude beim Lesen und Nacherzählen und wollen unser Vorwort schließen mit den Worten von Theodor Fontane:

*„Das menschlichste, was wir haben, ist doch die Sprache."*

*Stefanie Widmann*
*Andreas Wenzlau*

# Inhalt

10

# Themen

# Die Reise

Es war so ein typischer Freitag. An dem ich mal wieder beschloss, mein Leben müsse sich ändern. Die ganze Woche hatte ich Ärger in der Arbeit, unser Projekt drohte zum x-ten Mal zu scheitern, meine Kollegen waren genervt und leicht reizbar und mein Chef beschloss, trotz allem in den Urlaub zu fahren.

Zuhause war es auch nicht viel besser. Kaum hatte ich die Türe aufgesperrt, fiel meine Frau mit all ihrer schlechten Laune über mich her. Es musste etwas geschehen. So konnte es nicht weitergehen. Ich war gerade 40 geworden und noch 25 oder 30 Jahre würde ich das so nicht durchhalten. Wie jeden Freitag flüchtete ich in den Pub um die Ecke. Aber auch dort fühlte ich mich nicht wohl. Meine Freunde erzählten von ihren Erfolgen, ihrem Haus, ihrem Auto, ihrem... Ich konnte es nicht mehr ertragen.

So gab ich vor, auf die Toilette zu gehen, und verließ stattdessen den Pub, stieg ins erstbeste Taxi und ließ mich zum nächsten Flughafen fahren, der eineinhalb Stunden entfernt lag.

Am Schalter kaufte ich ein Ticket nach Athen. Der nächste Flug würde morgen früh um sechs Uhr starten. So schlug ich mir die Nacht um die Ohren, trank ein Bier nach dem anderen, blätterte ziellos und unkonzentriert in Zeitschriften und bestieg um kurz vor sechs den Flieger.

Vor langer Zeit hatte ich einen Artikel über einen weisen Eremit in den Bergen des Olymp gelesen. Was ich dort genau wollte, wusste ich nicht, aber er würde es mir schon sagen, dachte ich.

Ganze zwei Tage brauchte ich, bis ich nur zumindest ungefähr wusste, wo und wie ich ihn finden konnte. Die Fahrt mit dem Bus und anschließend mit dem Eselskarren war nicht weniger nervtötend. Schließlich stand ich am Fuße des Gipfels, und der Bauer, der mich auf seinem Eselskarren mitgenommen hatte, deutete hinauf und sagte etwas auf Griechisch, was ich nicht verstand. Ich nickte nur und zog los.

Als ich den Eremit schließlich fand, sah dieser mich verständnislos an und sagte: „Was willst Du, Fremder?" „Mein Leben ändern!", antwortete ich und erzählte ihm, wie es mir in letzter Zeit ergangen war und wie ich mich wortlos aus meinem Leben davon geschlichen hatte.

Er dachte kurz nach, dann antwortete er: „Nun gehe den Berg hinab, gehe denselben Weg zurück, auf dem du hierher kamst, und verabschiede Dich erst, wenn Du wieder zuhause bist!"

## Fazit

Der Lebensalltag lädt geradezu ein, eingefahren im Trott zu leben. Das kann auf Dauer zu Unzufriedenheit und Frust führen. Das Hinnehmen dieses Zustands und das Wissen um „das haben wir schon immer so gemacht" verstärken diesen Mechanismus.

Um im Fluss des Lebens zu bleiben, braucht es den bewussten Abschied von Gewohntem, von lieb gewonnenen Dingen und von uns wertvollen Menschen. Neues kann nur gut beginnen, wo Altes gut endet!

# Der „Traum"-Mann

John, Broker in einem renommierten New Yorker Bankhaus, kam wie üblich sehr spät am Abend in seine Wohnung. Während er die Wohnungstür öffnete, telefonierte er noch mit einem Kollegen, um letzte Details für den nächsten Tag zu besprechen.

Juline, seine Freundin, kam aus dem Wohnzimmer. Er gab ihr einen flüchtigen Kuss, während er sich aus dem Mantel pellte. „Ich habe Dir etwas zu essen gemacht", sprach Juline leise, aber er hörte gar nicht hin, sondern steuerte zielstrebig den Schreibtisch an, packte sein Notebook aus und checkte schnell noch seine E-Mails.

Juline setzte sich ihm gegenüber in den Sessel und begann zu erzählen, wie ihr Tag so war. Er nickte und brummte „mmh", während er sich weiter durch die E-Mails klickte. Er hörte gar nicht, was sie sagte, und bemerkte auch nicht, dass Juline angefangen hatte zu weinen. Erst als es still um ihn wurde, stellte er fest, dass sie aufgestanden und wohl schon ins Bett gegangen war.

Schnell noch das Konzept von Rick lesen. Gegen halb eins am Morgen warf er einen Blick auf die Uhr am PC. „Oh Mist, schon wieder so spät!", zischte er, um sechs Uhr ist die Nacht zu Ende. So beeilte er sich im Bad und schlüpfte schnell unter die Bettdecke. Kaum war er zugedeckt, schlief er auch schon ein und träumte …

… Die Sonne scheint bereits hoch vom Himmel. Er selbst steht mit blankem Oberkörper in der Mittagshitze, blinzelt in die Sonne und schaut sich um. Überall Kakteen, Staub und Wüstengras. Am Horizont sieht er eine Hütte und läuft darauf zu. Vor der Hütte sitzt ein alter Mann mit langem, weißem Haar, zum Zopf zusammengebunden, und tief sonnengebräuntem Gesicht. Im Schneidersitz hockt er vor einem Feuer und kocht irgendetwas in einem alten Blechtopf.

„Hey alter Mann, sag' mir, wie ich in die Stadt zurück-komme, ich habe mich verlaufen!"

Der Alte lächelt, nickt ihm zu und bedeutet ihm, sich zu setzen. „Ich weiß!", sagt er mit einer freundlichen, warmen Stimme und reicht ihm etwas von dem Gebräu. „Du kennst Dich hier nicht aus?", fragt er John. „Wie soll ich mich aus-kennen, ich war noch nie hier!", antwortet John etwas ver-ärgert.

„Die Wüste macht Dich unruhig, das Alleinsein mit Dir macht Dich unruhig, ich mache Dich unruhig." So konfron-tiert ihn der alte Mann mit seinen Gedanken.

„Zum Teufel, woher weiß der Alte das?", fragt sich John. Er hat Durst, nimmt den angebotenen Becher und trinkt. „Ver-dammt noch mal, was ist denn das? Willst Du mich vergif-ten?" Der alte Mann schmunzelt. „Nimm den Becher zwi-schen beide Hände, schließe die Augen und danke den Göt-tern, dass sie Dich gerettet haben. Atme tief durch und trinke dann erneut einen Schluck."

John folgt den Anweisungen, ohne zu fragen, denn von dem alten Mann geht irgendetwas Besonderes aus. Er nippt vorsichtig an dem Becher, es schmeckt süß und lieblich, er probiert noch einmal und trinkt den Becher in einem Zug aus. Als er die Augen öffnet, steht der alte Mann vor ihm, groß, stark, in einer langen, weichen Lederhose, mit entblößtem Oberkörper, einem geflochtenen Stirnband und einem großen Medaillon mit Türkisen auf der Brust.

„Steh auf und folge mir!" John ist irritiert, normalerweise gibt er an, wohin es geht, und die anderen folgen ihm. Aber hier ist es anders. Er folgt dem Mann, der langsam vor ihm her geht und einen alten indianischen Gesang anstimmt. Sie durchqueren die Wüste, Stunde um Stunde, und erreichen schließlich ein Gebirge, das rot in der Abendsonne glänzt. Zu-sammen besteigen sie den ersten Felsen und stehen nun auf dem Gipfel. John schaut sich um, sprachlos ob der Schönheit, die er vor sich sieht. Der alte Mann breitet die Arme aus und spricht in seiner Sprache so etwas wie ein Gebet – John versteht es nicht, aber verspürt eine tiefe Trauer. Dann sagt der alte Mann zu ihm: „Das war Dein Leben bisher, eine Wüste, eine unendliche Leere, die Dich begleitet!" John erschrickt, er spürt, dass der Alte Recht hat. „Wenn Du in die Stadt zurück willst, ins Leben, dann gehe langsam. Du kennst den Weg! Akita mani yo! Mani wastete yo."

John erwachte schweißgebadet aus seinem Traum und sah auf die Uhr. Es war erst 3:30 Uhr. Er hatte noch Zeit. In Gedanken an seinen Traum betrachtete er Juline liebevoll im Mondlicht und nahm sie zärtlich in den Arm.

**Fazit**

Unser Leben besteht aus vielen, aneinander gereihten Augenblicken. Im Alltag nehmen wir die Schönheit des Augenblicks oft nicht wahr, weil wir zu sehr mit unseren Gedanken an die Arbeit oder auch die Zukunft beschäftigt sind. Wenn wir jedoch achtsam und sorgfältig mit jedem Augenblick sowie mit unseren Mitmenschen umgehen, liegt darin sehr viel Kraft, Energie und Glück für unser Leben.

# Angst als Chance

Vom jungen Napoleon wird berichtet, dass er während einer Bombardierung wie Espenlaub zitterte.

Ein Soldat verspottete ihn: „Seht Euch den an, der stirbt vor Angst!"

„Ja", sagte Napoleon, „aber ich kämpfe noch. Wenn Du ebenso große Angst wie ich hättest, wärst Du längst geflohen."

## Fazit

Es ist keine Schande oder Zeichen von Feigheit, wenn wir Angst haben und diese auch zeigen. Benennen wir konkret, was uns ängstigt, können wir zusammen mit anderen Menschen überlegen, wie wir dennoch voranschreiten können. Wir vermeiden dadurch gefährliche Situationen für uns oder unser Projekt.

Schwäche zuzugeben, zeigt Stärke: „Blamiere Dich täglich." Nutzen wir die Erfahrung anderer Menschen, um mit unseren Ängsten umzugehen.

Leichtsinnig ist, wer sich in gefährliche Situationen begibt, ohne die drohende Gefahr abzuschätzen.

# Jahrtausendwende

Im Rahmen eines Argumentationstrainings erzählte ein Teilnehmer von einer Begebenheit, die sich Ende der 90er Jahre des vorherigen Jahrhunderts zugetragen hat.

Als EDV-Leiter in einem Betrieb in Ostdeutschland hatte er die Aufgabe, die Produktions- und EDV-Anlagen des Unternehmens auf das ominöse Jahr 2000 vorzubereiten, für das weltweit die Gefahr eines großen Computerchaos vorhergesagt wurde. Bereits mehrfach hatte er in der Geschäftsführung ein entsprechendes Budget beantragt, leider stets erfolglos. Obwohl er in der fachlichen Beweisführung, die sogar mögliche Fehler auf Ebene einzelner Speicherbausteine berücksichtigte, stichhaltige Argumente vorzuweisen hatte, konnte er seine Geschäftsführer nicht überzeugen. Diese antworteten stets nach dem gleichen Muster: „89 war die Wende. 92/93 haben wir hier sämtliche Anlagen modernisiert. Damals wusste man doch schon, dass das Jahr 2000 bevorsteht. Nach menschlichem Ermessen kann es doch die von Ihnen beschriebenen Fehler bei uns überhaupt nicht geben."

Nachdem er bei der x-ten Sitzung zu diesem Thema erneut mit der oben genannten Aussage konfrontiert wurde, platzte ihm endlich der Kragen. Empört giftete er die Geschäftsführer an: „Und – wie war es denn bei Ihnen? Nach der Wende sind Sie doch auch gleich losgezogen und haben sich einen neuen Videorekorder gekauft. Haben Sie damals etwa irgendjemanden gefragt, ob die Programmierung im Jahr 2000 noch funktioniert?!"

Alle schluckten heftig, aber der Wutausbruch half – das Budget wurde genehmigt.

## Fazit

Rationale Argumentation alleine reicht nicht aus, um Gesprächspartner zu Entscheidungen zu führen.

Emotional-anschauliche Beispiele aus der Welt der Gesprächspartner erleichtern es diesen, abstrakte Sachverhalte zu verstehen.

Und oft sind es gerade die einfachen, aber sehr praxisnahen Argumentationen, die schlussendlich überzeugen.

# Der tote Mitarbeiter

Meldung aus der New York Times:

Angestellter fünf Tage lang tot an seinem Schreibtisch

Die Geschäftsleitung eines Verlages versucht gerade herauszufinden, warum es niemandem auffiel, dass einer ihrer Mitarbeiter fünf Tage lang tot an seinem Schreibtisch saß, bis jemand auf die Idee kam, ihn zu fragen, ob alles in Ordnung sei. George Turklebaum, 51, 30 Jahre lang Korrekturleser in dem New Yorker Verlag, erlitt in dem Großraumbüro, das er mit 23 Kollegen teilte, eine Herzattacke. Es war Montag, als er in aller Stille verschied, aber erst am Samstagmorgen bemerkte es ein Mitarbeiter vom Reinigungspersonal, als er ihn fragen wollte, warum er denn am Wochenende arbeite.

Sein Vorgesetzter, Elliott Wachiaski, sagte: „George war morgens immer der Erste und abends der Letzte, der ging. Also fand niemand es ungewöhnlich, dass er die ganze Zeit in derselben Position verharrte und kein Wort sprach. Er war immer sehr in seine Arbeit vertieft und hatte wenig Kontakt zu den anderen." Die Obduktion ergab, dass er einen Herzinfarkt erlitten und fünf Tage lang tot im Büro gesessen hatte. Er war gerade dabei, ein medizinisches Fachbuch Korrektur zu lesen, als er starb.

## Fazit

Vielleicht sollten Sie Ihren Mitarbeitern ab und an einen leichten Stoß versetzen.

Arbeiten Sie nicht zu viel, es fällt sowieso keinem auf.

Die Wahrnehmung der wichtigen Dinge hat unsere Aufmerksamkeit verdient.

# Das Mobile

Die Arme des Mobiles waren in Aufruhr. Irgendetwas hatte ihre Ordnung gestört.

Ein Windhauch – plötzlich aufkommend, hatte sie, die Gegensätzlichkeiten des Lebens, aus dem Gleichgewicht gebracht.

Wild schrieen sie durcheinander und jede versuchte, gegen das Ungleichgewicht anzukämpfen, in dem sie sich mühte, die Gegenseite zu ignorieren. Doch je mehr sie dies taten, je stärker sie dagegen kämpften, desto schlimmer wurde es – dieses Ungleichgewicht, das im Chaos zu enden drohte.

„Wenn ich mir den Hass nicht anschaue, wird's bestimmt besser", rief die Liebe.

„Ich denke einfach nicht an die Macht", versuchte sich die Ohnmacht einzureden.

„Nein, Dich gibt es ja gar nicht!", schrie die Freundschaft der Feindschaft zu.

„Mir geht's gleich wieder gut", murmelte die Freude und verdrängte die Trauer.

So ging es weiter und ein Ende war nicht in Sicht.

Da meldete sich der Dreh- und Angelpunkt des Mobiles. „Haltet ein!", rief er. „Merkt Ihr denn gar nicht, dass Ihr zusammengehört? Wo Liebe ist, ist auch Hass. Wo Macht ist, ist auch Ohnmacht. Ohne Feindschaft: keine Freundschaft. Und ohne Trauer gibt es keine Freude. Und so geht es weiter mit allen von Euch – mit allen Gegensätzlichkeiten des Lebens! Kurz gesagt: Wo Licht ist, ist auch Schatten – und wo Schatten ist, ist auch Licht. Seht Euch an! Seht Euch an und akzeptiert, dass es den Anderen gibt!"

Zögerlich und etwas verhalten wandten sich die Gegensätzlichkeiten einander zu und blickten sich an.

Ja, sie gehörten zusammen – das wurde ihnen plötzlich klar.

Es war nicht einfach, auf die andere Seite zu blicken und diese zu spüren. Doch je länger sie dies taten, desto ruhiger wurde es um sie herum – bis ihre ursprüngliche Ordnung wieder hergestellt war – vorerst jedenfalls, bis zum nächsten Windhauch.

## Fazit

Es gibt ein seltsames Phänomen im Leben: Je mehr wir etwas ausblenden, desto mehr beschäftigt es uns und desto mehr Energie kostet es uns! Um mit solchen, oft schwierigen Situationen im Leben umgehen zu können, ist es elementar, gerade die Gegensätzlichkeiten, die Gegenmeinung, die Antithese zur Meinung und These nicht nur anzusehen und beide „zu Wort" kommen zu lassen, sondern sie und die damit verbundenen Gefühle auch zu spüren. Wir werden somit „bewusst", ruhen in uns selbst und können gestärkt den nächsten Schritt gehen. Intuitiv wissen wir, welcher dies sein wird.

# Zeit für Sinne

Es war der Beginn eines Seminars für Zeitmanagement. Die Teilnehmer hatten sich eingefunden und eine gespannte Erwartungshaltung lag in der Luft. Nach der Begrüßung und einer kurzen Vorstellungsrunde der Teilnehmer gab es bereits eine erste, eher ungewöhnliche Aufgabe für den Start in den Tag. Das Seminarhotel war sehr schön gelegen, mitten im Grünen, und das sonnige Wetter war für diesen Start ein guter Begleiter.

Der Trainer lud die Teilnehmer zu einem Denkspaziergang ein. Die Aufgabe bestand darin, einen 15 Minuten langen Spaziergang zu unternehmen, in dieser Zeit die Natur mit allen Sinnesorganen wahrzunehmen und dabei die Gedanken schweifen zu lassen.

Die Teilnehmer begaben sich der Aufgabe gemäß einzeln nach draußen in die frühe Morgenluft. Anfangs fiel ihnen das Abschalten schwer, aber dann konzentrierten sie sich auf die ungewohnte Aufgabe. Sie spürten den Boden unter den Füßen, rochen die würzige Sommerluft, horchten bewusst in die Natur hinein, beobachteten die sie umgebende Landschaft und genossen die Bewegung im Freien.

Einige der Teilnehmer zweifelten und waren skeptisch, ob diese Übung neue Erkenntnisse für das Seminarthema Zeitmanagement bringen würde. Doch dann entdeckten die Teilnehmer auf ihrem Spaziergang, dass die eigene Wahrnehmung in ihrem Alltag bisher vernachlässigt worden war.

Wer wollte, konnte nach seinem Spaziergang in der Gruppe ein kurzes Feedback geben.

„Zunächst ist es mir schwergefallen, mich zu konzentrieren, aber dann war es richtig schön", lautete eine der Rückmeldungen. „Ich kann mich nicht daran erinnern, wann ich zuletzt meine eigene Wahrnehmung so intensiv erleben konnte, es waren für mich die wichtigsten 15 Minuten in den vergangenen Monaten", so ein weiterer Teilnehmer in seiner Rückmeldung.

Das Seminarthema hatte sich dadurch mit großer Wirkung bereits selbst reflektiert.

## Fazit

Es ist wichtig, Zeit zu haben für die wirklich wichtigen Dinge im Leben, für das Wesentliche, Zeit zu haben für sich. Meine Aufmerksamkeit hier und jetzt auszurichten; zu spüren, zu riechen, zu schmecken; die eigene Wahrnehmung neu auszurichten, um bewusster zu leben. Es tut gut, jeden Tag die Sinne neu zu entdecken.

# Die Schnecke

An einem Morgen eines Frühlingstages hatte eine Schnecke besonders großen Appetit. Das Frühgemüse war ihr zu wenig, deshalb suchte sie nach weiteren leckeren Speisen. Sie fand einen Kirschbaum und kroch diesen hinauf.

Ein paar Spatzen waren auch schon wach und sahen der Schnecke zu, wie sie langsam den Kirschbaum hinauf kroch. Die Spatzen fanden es sehr lustig, wie die Schnecke sich abmühte. Einer der Spatzen flog auf die Schnecke zu und zwitscherte: „Was machst Du hier? Hast Du denn gar nicht bemerkt, dass der Baum noch keine Kirschen trägt?"

Die Schnecke antwortete: „Ich weiß, dass der Kirschbaum im Augenblick noch keine Früchte trägt. Aber bis ich es nach oben geschafft habe, wird er süße, saftige Kirschen haben!"

Und die Schnecke setzte ihren Weg fort.

## Fazit

Wenn wir Ideen umsetzen und Ziele erreichen wollen, benötigen wir zuerst ein klares Bild, eine klare Vorstellung von diesen.

Beharrlichkeit hilft, den Blick immer wieder auf das Wesentliche zu richten und uns nicht von den gut gemeinten Ratschlägen anderer ablenken zu lassen. Wie hier im Beispiel die Schnecke, die sehr genau wusste, was sie will.

# Die Lücke zum Besten

Keine Disziplin in der Leichtathletik erfordert soviel Koordinationsvermögen wie der Stabhochsprung. Bereits im Anlauf müssen alle Kräfte geschickt aufeinander abgestimmt werden, um sie beim Absprung optimal auf den Stab zu übertragen, so dass er sich im richtigen Moment aufrichtet und den Springer in die Höhe schleudert. Jede Bewegung muss perfekt sitzen, wenn der Stabhochspringer sich aufschwingt, wenn er die halbe Drehung vollzieht, um über die Latte zu gleiten, wenn er sich schließlich vom Stab wieder abstößt, um am Ende entspannt auf der weichen Schaumstoffmatte zu landen. Niemand beherrschte diese Sportart so meisterhaft wie der Ukrainer Sergej Bubka, der als erster die magische Sechs-Meter-Marke übersprang. Bubkas Weltrekord brach nur ein einziger, Jahr für Jahr immer wieder: er selbst in ureigener Person. Am Ende seiner Erfolgsgeschichte steigerte er seine Leistung haargenau jeweils um einen Zentimeter – nicht mehr und nicht weniger. Bis heute ist sein Weltrekord, der bei 6,14 Meter liegt, ungebrochen und setzt den Maßstab für die Bestleistung im Stabhochsprung. Zwischen ihm und den bisher zweitbesten Stabhochspringern klafft eine Lücke von 9 Zentimetern.

Jeder Hobbysportler kennt die Weltbestleistung in seiner Sportart. In der Geschäftswelt dagegen wissen viele nicht das Geringste über die Leistungen anderer in der eigenen Branche. Fragen Sie einmal einen fußballbegeisterten Geschäftsführer, wer Deutscher Meister ist und wie viele Tore seine Lieblingsmannschaft beim letzten Spiel geschossen hat. Er wird Ihnen die Antwort im Schlaf herunterbeten. Fragen Sie ihn dagegen, wer in seiner beruflichen Sparte die Bestleistung hält, wird er häufig genug passen müssen.

## Fazit

Und Sie selber? Haben Sie sich eigentlich schon mal gefragt, wer der Bubka in Ihrem Geschäftsfeld ist und wie viele Zentimeter, Meter, vielleicht auch Kilometer Sie von seiner Leistung trennen? Wenn ja, gehören Sie zu den vorbildlichen Profis, die Benchmarking im eigenen Geschäft betreiben. Ein Leistungsvergleich lohnt sich bestimmt.

# Atemnot

Wir sind in Hamburg, in der Firmenzentrale eines großen Unternehmens, das in ganz Deutschland Büros und Niederlassungen hat. 30.000 Mitarbeiter zählt dieses Unternehmen und jeder der Mitarbeiter muss seinen vollen Einsatz geben, sonst kann die Firma ihren Platz als weltweite Nummer zwei auf ihrem Gebiet nicht halten. Ausfälle wegen Krankheit kommen in dieser Firma nur sehr selten vor und wenn überhaupt, dann nur, wenn jemand wirklich richtig krank ist.

Aus diesem Grund trauen sich die Mitarbeiter auch nicht, wegen einer einfachen Grippe zuhause zu bleiben. So geht es auch einem der jungen Manager, der gerade erst 30 geworden ist. Immer wieder ist er von Atemnot geplagt. Besonders in schwierigen und stressigen Situationen merkt der junge Mann, dass es ihm schwer fällt, frei zu atmen. So langsam beginnt er, sich Sorgen zu machen. Gleichzeitig will er es aber auch jedem recht machen. Und so schreckt er regelmäßig davor zurück, einen Arzt aufzusuchen.

Sein Chef kommt immer wieder mit neuen Aufträgen auf ihn zu, weil er sehr von seiner Leistung überzeugt ist und ihn stolz immer wieder als Beispiel für eine leistungsfähige Nachwuchsführungskraft vorstellt. Seine Kollegen kommen gerne zu ihm, um ihn um Rat zu bitten. Insbesondere weil sie wissen, dass er sich ihnen sofort widmet und sie bei ihm auf schnelle Hilfe hoffen dürfen. Selbst seine eigene Arbeit lässt er oft für die Anfragen seiner Kollegen liegen und bleibt lieber am Abend länger im Büro, um seine persönlichen Tätigkeiten zu Ende zu bringen. Und das auch auf die Gefahr hin, mit seiner Freundin Ärger zu bekommen, weil er mal wieder eine Einladung von Freunden kurzfristig wegen seiner Arbeit absagen muss. Meistens jedoch, und das macht ihn auch selber stolz, schafft er sein Arbeitspensum, beantwortet die Anfragen seiner Kollegen zu deren Zufriedenheit und kommt gerade noch „just in time" zu seinen privaten Verabredungen.

Jetzt allerdings sitzt er in seinem Büro und überlegt. Dabei fällt sein Blick auf eine Visitenkarte, die er bei der letzten Weiterbildungsmesse von einem Anbieter für Trainings, Beratung und Coaching bekommen hat. Da entschließt er sich, dort anzurufen und für den nächsten Tag einen Termin auszumachen.

Lange hört der Coach seinem Erzählen über seine Arbeitssituation zu und die immer wiederkehrende und schlimmer werdende Atemnot. Von Zeit zu Zeit fragt er nach, doch erst einmal signalisiert er ihm nur, dass er seine Situation versteht. Aber eigentlich hatte sich der junge Mann einen Rat erhofft, und so merkt er schließlich, wie er auch hier langsam ungeduldig wird. Als er eigentlich schon fast beschlossen hat, das Coaching abzubrechen und sich lieber wieder seiner Arbeit zu widmen, hört er den Coach auf einmal sagen:

„Und wann machen Sie es sich selber recht?"

## Fazit

Es anderen recht machen heißt, die eigenen Bedürfnisse zu vernachlässigen.

Es anderen recht machen kann auch bewirken, von diesen nicht ernst genommen oder ausgenutzt zu werden.

Nur wer sich seiner eigenen Bedürfnisse bewusst ist und dafür sorgt, dass es einem selbst gut geht, hat die Kraft und Energie, auch verantwortlich für andere zu sorgen.

# Alles ist so anstrengend

Ein Trainer und Coach war seit vielen Jahren selbständig. Er bekam so viele Kundenanfragen und Aufträge, dass er mehr und mehr ablehnen musste. Manchmal überlegte er sogar, sein Geschäft zu erweitern, selbst Trainer auszubilden und damit mehr Aufträge anzunehmen und noch mehr zu verdienen. Schlussendlich verwarf er aber diesen Gedanken wieder, weil er merkte, dass es ihm eigentlich zu viel wurde und ihn die Arbeit zu sehr anstrengte.

Wieder und wieder gestand er seinen Freunden, wenn sie abends mal bei einem Bier zusammen saßen, dass ihm seine Arbeit zwar sehr viel Freude bereitete, er aber nach den Trainings so angestrengt und ausgelaugt wäre, dass er am liebsten nur noch schlafen wolle und sich auch nicht motivieren könne, etwas zu unternehmen. Sogar das Reden hier beim Bier strenge ihn dann an. Von Zeit zu Zeit machte er sich auch Sorgen, dass er krank sei. Wenn er dann allerdings zum Arzt ging, konnte dieser nichts feststellen und riet ihm immer wieder nur, sich zu entspannen und weniger Stress zu haben.

Dabei sorgte er doch gut für sich. Ging joggen, hörte in Ruhe Musik, machte autogenes Training, aber doch schien das alles nicht genug zu sein. Eines Tages, als er genug von diesem „Ausgelaugtsein" hatte, gönnte er sich selbst ein Coaching bei einem erfahrenen und sehr bekannten Coach mit hervorragendem Ruf. Er berichtete diesem von seiner Situation und von seiner permanenten Anstrengung und jammerte beinahe: „Ich tue schon so viel für mich und trotzdem wird meine Situation nicht besser. An manchen Tagen verzweifele ich!"

Der Coach hörte sich dies an und stellte ihm nur eine Frage: „Wie bewusst agieren Sie in Ihren Trainings und Coachings?"

## Fazit

Die Momente, in denen wir unbewusst auf Situationen reagieren und einfach etwas mit uns geschehen lassen, kosten uns häufig sehr viel Energie. Wenn wir jedoch lernen, sehr bewusst zu reagieren, und uns unserer eigenen Gefühle in schwierigen und herausfordernden Situationen bewusst sind, haben wir die Chance, unsere Energie zu lenken und mit unserer Energie schonend und nachhaltig umzugehen.

# Der sparsame Kaufmann

Eines Tages kam ein sparsamer Kaufmann vor den Richter, weil er einen Kunden übervorteilt hatte. Alles sprach für seine Schuld, und so hatte der Richter nur mehr die Pflicht, ein kluges und gerechtes Urteil zu sprechen. Er bot dem Angeklagten an, seine Strafe aus drei Möglichkeiten selbst zu wählen. Er sollte entweder hundert Dukaten zahlen oder fünfzig Stockhiebe erhalten oder aber fünf Kilo Zwiebeln essen.

Der Verurteilte dachte, das Zwiebelessen würde schon nicht so schwierig sein, und entschied sich deshalb für diese Strafe. Aber schon nachdem er zwei oder drei Zwiebeln roh verspeist hatte, schüttelte es ihn bereits, wenn er die nächste Zwiebel nur ansah. Die Tränen quollen ihm aus den Augen und die Schärfe der Zwiebeln brannte ihm im Gesicht. „Verehrter Richter", rief er, „mir scheint, dass ich die Zwiebeln schlecht vertrage, bitte erlasst mir den Rest, und gebt mir lieber die Stockhiebe." Sparsam wie er war, wollte er sich auf jeden Fall die hundert Dukaten sparen.

Der Richter gab lächelnd sein Einverständnis, und so entkleidete ihn der Gerichtsdiener und legte ihn über die Bank. Ängstlich sah der Kaufmann, wie der Gerichtsdiener die biegsame Rute zu Hand nahm und zum ersten Schlag ausholte. „Das ist erträglich", dachte er nach dem ersten Schlag. Doch von Schlag zu Schlag wurden die Schmerzen größer. Immer lauter schrie er, und nach dem zehnten Schlag jammerte er: „Hochverehrter Richter, habt Erbarmen mit mir, erlasst mir die Schläge. Ich bin genug gestraft, ich will niemanden mehr betrügen." Doch der Richter schüttelte den Kopf und der Gerichtsdiener schlug wieder zu. Darauf begann der Angeklagte zu betteln und zu flehen. Lieber wollte er die hundert Dukaten bezahlen als weitere Schläge ertragen.

Und so bekam der sparsame Kaufmann alle drei Strafen zu spüren.

## Fazit

Manchmal wollen wir Geld sparen, manchmal Zeit. Nicht selten ergeht es uns dabei wie dem Verurteilten. Alles hat seinen Preis und Jedes braucht seine Zeit.

Erst sollten wir nachdenken, dann handeln.

# Der Drachentöter

Ein junger Prinz aus einem fernen Königreich wollte ein Abenteuer erleben und beschloss, einen Drachen zu töten. Er nahm sein Schwert und seine Rüstung und machte sich auf den Weg. In der Höhle des Drachen angekommen, spürte er plötzlich eine Berührung an seiner Schulter.

Er drehte sich um und stand vor einem riesigen Drachen. „Hallo! Was machst du denn hier?", fragte der Drache. „Habe ich Recht, dass du gekommen bist, um mich zu töten – wie viele andere junge Ritter vor dir?" Der Prinz nickte beklommen. „Es ist immer das Gleiche mit euch", schimpfte der Drache. „Ihr kommt und wollt einen Drachen töten, obwohl ihr noch nie einen gesehen habt. Ich mache dir einen Vorschlag: Wenn du versprichst, Weisheit zu suchen, lasse ich dich am Leben. Du hast von jetzt an ein Jahr Zeit, mir eine Frage zu beantworten. Wenn mich die Antwort zufrieden stellt, lasse ich dich am Leben und du bekommst obendrein die Hälfte meines Drachenschatzes. Wenn nicht, fresse ich dich. Und komm' nicht auf die Idee zu fliehen, ich finde dich überall."

Notgedrungen erklärte sich der Prinz einverstanden. „Die Frage", so der Drache, „lautet: Was ist Frauen wirklich wichtig?"

Zuhause angekommen, befragte der Prinz jede Frau im Schloss, was ihr wichtig sei, von der Königin bis zur einfachen Magd. Er bekam viele Antworten wie „Schönheit", „Reichtum", „Macht", „einen lieben Mann" usw.

Aber zu jeder Antwort gab es auch viele Frauen, die das für völlig falsch hielten. Der junge Prinz wollte schon völlig verzweifelt aufgeben, als ihm auf einmal die Idee kam, die alte weise Hexe zu befragen, die einige Tagesreisen weit entfernt im Sumpf wohnte. Also machte er sich dorthin auf. Als er bei der Hexe ankam, schilderte er ihr sein Problem. Die Hexe gab vor, die Antwort zu wissen, aber sie wollte sie ihm nur verraten, wenn er verspreche, sie zur Frau zu nehmen. Da bekam der Prinz einen Riesenschreck, denn die Hexe war die hässlichste Frau, die er jemals gesehen hatte: ein Buckel, eine große Warze auf der Nase und ihre Stimme war ein ekelhaftes Gekrächze. Nach einigem Nachdenken kam er jedoch zu dem Schluss, dass dies gegenüber dem Drachen das geringere Übel sei, und gab sein Versprechen, die Hexe zu heiraten, wenn der Drache die Antwort akzeptieren würde. Da sagte sie: „Was sich jede Frau wünscht, ist, über die Dinge, die sie persönlich betreffen, selbst bestimmen zu können."

Und tatsächlich akzeptierte der Drache die Antwort. Der Prinz war also nicht nur gerettet, sondern der Drache schenkte ihm auch noch die Hälfte seines Schatzes. Fröhlich ritt der Prinz nach Hause, bis er wieder voller Schrecken an die alte Hexe dachte. Da er jedoch ein Prinz war, blieb ihm nichts übrig, als sein Versprechen einzuhalten.

Das war ein trauriges Fest!

Als alle Gäste gegangen waren, verabschiedete sich die Hexe ins Schlafzimmer, um dort auf ihren Mann zu warten. Wie staunte der Prinz, als er das Schlafzimmer betrat und die schönste Frau im Bett vorfand, die er jemals gesehen hatte! Sie duftete angenehm, hatte eine schöne Stimme und erklärte ihm, dass sie als Hexe die Fähigkeit habe, ihr Aussehen zu verändern, und dass sie ihn für das gehaltene Versprechen belohnen wolle. „In Zukunft bin ich am Tag die alte Hexe und in der Nacht die junge schöne Frau", sagte die Hexe, „oder genau andersherum, am Tag schön und in der Nacht die Hexe. Du kannst es dir aussuchen."

Der Prinz dachte lange nach.

Da fiel im plötzlich die Antwort ein: „Bestimme selbst, wie du es machen willst." Die Hexe freute sich, dass der Prinz damit wirklich seine Weisheit bewiesen hatte. Als Belohnung wollte sie nun immer die schöne Gestalt tragen – Tag und Nacht.

## Fazit

Manchmal erscheinen uns im Leben, etwa in Gesprächen oder bei der Suche nach der richtigen Strategie, Situationen ausweglos. Häufig hören wir zu früh auf, nach den passenden Lösungen zu suchen, und nutzen die erstbeste. Hilfreich ist es, gerade dann kreativ nach Möglichkeiten zu suchen, die eigenen Grenzen auch einmal zu überschreiten, sich gut vorzubereiten und vor allem, die Situation und den Gesprächspartner ernst zu nehmen.

*Fazit noch einmal durchdenken und vielleicht erweitern*

# Erleuchtung

Milarepa hatte überall nach Erleuchtung gesucht, aber er hatte nirgends eine Antwort gefunden. Da sah er eines Tages einen alten Mann, der einen schweren Sack auf seiner Schulter trug. Langsam stieg der alte Mann einen Bergpfad hinab.

Milarepa wusste augenblicklich, dass dieser alte Mann das Geheimnis kannte, nach dem er so viele Jahre verzweifelt gesucht hatte.

„Alter, sag mir bitte, was du weißt. Was ist Erleuchtung?"

Der alte Mann sah ihn an, dann ließ er seine schwere Last von der Schulter gleiten, richtete sich auf und lächelte.

„Ja, ich sehe, zur Erleuchtung müssen wir uns von aller Last befreien", rief Milarepa. „Meinen ewigen Dank! Aber bitte erlaube mir noch eine Frage: Was kommt nach der Erleuchtung?"

Abermals lächelte der alte Mann, bückte sich und hob seinen schweren Sack wieder auf. Er legte ihn sich auf die Schulter, rückte die Last zurecht und ging weiter seines Weges.

## Fazit

Grundlegende Erkenntnisse sind nur eine psychische Erleichterung. An den zu bewältigenden Aufgaben ändert sich dadurch jedoch nichts. Nach jeder Antwort auf eine Frage stellt sich die nächste Frage.

# Vom wahren Reichtum

Eines Tages nahm ein reicher Mann seinen Sohn mit aufs Land, um ihm zu zeigen, wie arme Leute leben. Vater und Sohn verbrachten einen Tag und eine Nacht auf dem Bauernhof einer sehr armen Familie.

Als sie wieder zurückkehrten, fragte der Vater seinen Sohn: „Na, wie war dieser Ausflug für dich?"

„Sehr interessant", antwortete der Sohn.

„Hast du gesehen, wie traurig arme Menschen leben müssen?", fragte der Vater weiter.

„Oh ja, Vater, das habe ich gesehen. Wir haben nur einen Hund und die Leute auf der Farm haben vier. Wir haben einen kleinen Swimming-Pool, und sie haben nicht weit entfernt einen riesengroßen See. Wir haben ein paar Lampen in unserem Garten und sie haben die Sterne am Himmel. Unsere Terrasse reicht bis zum Vorgarten und sie haben den ganzen Horizont."

Der Vater war sprachlos.

Und dankbar und zufrieden wie er war, fügte der Sohn noch hinzu: „Danke, Vater, dass du mir gezeigt hast, wie arm wir sind."

## Fazit

Kategorien wie „arm" und „reich" sind relativ. Was ist „ein gutes Gehalt", was ist „ein schlechtes Gehalt"? Was heißt schon „mir geht es gut" oder „mir geht es schlecht"?

Normenbasiertes Denken alleine bringt uns nicht weiter.

# Was machen Sie denn so?

Allzu viel müssen Führungskräfte nicht tun, um die wertvollste Ressource des Unternehmens – seine Mitarbeiter – zum Wohle des Geschäfts zu „erschließen". Das zeigt das Beispiel des Spitzenmanagers José Ignacio Lopez – ehemaliger Einkaufs-Chef von VW –, der seinerzeit beschuldigt wurde, beim Wechsel von General Motors zum größten deutschen Automobilkonzern Betriebsgeheimnisse an den neuen Arbeitgeber verraten zu haben. Man mag zu „Super-Lopez" stehen, wie man will – eines ist und bleibt unumstritten: Er verstand es meisterhaft, Mitarbeiter zu motivieren und zu führen. Als er zu VW wechselte, ging er schnurstracks in die Produktionsstätten, denn er wusste nur zu gut, dass der beste Weg, ein Unternehmen kennen zu lernen, über die Menschen führt, die in ihm arbeiten. In der Vorfertigung sprach er einen Dreher an: „Was machen Sie denn so?" „Meinen Sie beruflich oder privat?" „Dass Sie hier an einer Drehmaschine arbeiten, sieht man ja. Was machen Sie privat?" Der Dreher berichtete begeistert von seinem Posten als Vorsitzender in einem kleinen Motorsport-Club. In seiner Freizeit brachte er Jugendlichen bei, wie man Motorräder wartet und wie man sie im Gelände fährt. Er hatte bereits zahlreiche Rennen organisiert und war in seiner Vereinstätigkeit sehr erfolgreich. Seine Schützlinge hatten etliche Preise gewonnen und manchen Sieg errungen. Lopez kam aus dem Staunen nicht mehr heraus.

Nach dem Gespräch ging er sofort in die Führungsetage und sagte zum Chef des Drehers: „Da unten steht ein Mann, der tausendmal mehr kann als drehen. Er hat eine unglaubliche Palette an Fähigkeiten: er kann trainieren, er kann organisieren, er kann motivieren und er kann Inhalte vermitteln. Warum gebt Ihr ihm nicht die Möglichkeit, dasselbe für den Betrieb zu tun? Ihr verschenkt sein Potenzial und nutzt lediglich einen Bruchteil seines Könnens, wenn Ihr ihn nur drehen lasst."

Dann erklärte er dem Chef, wie man eine Rolle definiert und mit ihrer Hilfe alle Fähigkeiten von Mitarbeitern nutzt. Letztendlich profitieren dabei alle gleichermaßen: das Unternehmen, die Führungskraft und der Mitarbeiter.

## Fazit

Je besser Sie alle Fähigkeiten Ihrer Mitarbeiter kennen, desto besser können Sie sie zum Nutzen der Firma einsetzen. Auf der anderen Seite macht die Arbeit den Mitarbeitern dann auch wesentlich mehr Spaß. Je mehr Fähigkeiten genutzt werden und je weiter die Anstrengung an die eigenen Grenzen geht, desto zufriedener sind die Betroffenen. Eigene Ideen einbringen zu können, führt zu nachhaltiger Motivation.

# Die Macht des Wortes

*Einleitung zu "man kann nicht „nicht" Kommunizieren.*

Ein Mann, der die andauernden Streitigkeiten mit seiner Frau nicht länger ertragen konnte, bat einen Meister um Rat: „Kaum macht einer von uns den Mund auf, unterbricht ihn der andere schon. Ein Wort, dann haben wir gleich wieder Streit miteinander, und jeder von uns ist mürrisch und schlecht gelaunt. Dabei lieben wir uns doch, aber so kann es nicht weitergehen. Ich weiß einfach nicht mehr, was ich machen soll."

„Du musst lernen, deiner Frau zuzuhören", sagte der Meister. „Und wenn du sicher bist, dass du diese Regel beherrscht, dann komm wieder zu mir."

Nach drei Monaten sprach der Mann wieder beim Meister vor und erklärte, er habe jetzt gelernt, auf jedes Wort, das seine Frau sagt, zu hören.

„Gut", sagte der Meister mit einem Lächeln. „Wenn du in einer glücklichen Ehe leben willst, musst du jetzt noch lernen, auf jedes Wort zu hören, das sie nicht sagt."

## Fazit

Für eine konstruktive Gesprächsführung ist das aufmerksame, aktive Zuhören ebenso wichtig wie das klare und verständliche Reden.

Aktives Zuhören bedeutet zu versuchen, sich in den Gesprächspartner einzufühlen (Empathie), beim Gespräch mitzudenken und dem Gesprächspartner Aufmerksamkeit und Interesse entgegenzubringen.

# Das Frühstücksritual

*Nur sprechenden Menschen kann geholfen werden.*

Nach vielen Jahren Ehe saß das Ehepaar wieder einmal, wie jeden Morgen, beim gemeinsamen Frühstück. Da kam der Frau ganz plötzlich eine Idee: „Weil ich meinen Mann so liebe, habe ich ihm nun schon seit fünfzig Jahren immer das knusprige Oberteil des Brötchens gegeben. Heute möchte ich es einmal essen, warum sollte ich nicht einmal das bessere Stück bekommen."

Sie strich sich Butter und Marmelade auf das Oberteil des Brötchens und gab ihrem Mann die untere Hälfte. Doch dieser war keineswegs enttäuscht. Er strahlte über das ganze Gesicht, lachte sie an und sagte: „Wunderbar, ich liebe die untere Hälfte des Brötchens – ich mag sie viel lieber als das Oberteil. Aber weil dir das Unterteil so schmeckt, habe ich die ganzen Jahre darauf verzichtet. Schließlich mache ich dir immer gerne eine Freude, und wenn es nur beim Brötchen ist."

## Fazit

Warten Sie nicht allzu lange, Ihre Bedürfnisse zu offenbaren, egal ob es im Berufsleben ist, in der Ehe oder bei anderen Gelegenheiten.

Vielleicht sind Änderungen einfacher, als Sie denken.

# Das neue Haus

Ein Freund lud uns kürzlich in sein unlängst erworbenes Haus ein, um es uns zeigen. Es war ein schönes Haus: recht neu gebaut, alles sauber, klar, modern, präzise und sonnendurchflutet. Mein erster Eindruck war wirklich sehr positiv und ich freute mich schon auf die Führung. Er begann gleich vorne, rechts neben dem Eingang öffnete er die Tür zum Gäste-WC. Ich warf einen Blick hinein und sah ein stilvoll gefliestes, ungewöhnlich großes Gästebad mit einer geschmackvollen Ausstattung in warmen Farben. Es gab darin sogar eine Dusche mit diesen teuren gläsernen Scheiben, die zwar schwer sauber zu halten, aber dafür zauberhaft anzusehen sind.

Ich malte mir gerade aus, wie schön es wohl sein müsse, als Gast hier morgens eine warme Dusche zu nehmen, und bewunderte die Gesamtgestaltung des Raums, als das Gespräch zwischen den zwei Männern meine Aufmerksamkeit auf sich zog. Unser Freund sagte gerade: „Da unten die Fußabschlussleiste gefällt mir gar nicht. Schaut mal, wie billig die gemacht ist, und dann wurde sie auch noch teilweise überstrichen, so dass die Farbe dort nicht einheitlich ist." Ich schaute in die Richtung seines Fingers und sah die billige, schäbig vergilbte Fußleiste, auf der tatsächlich Pinselspuren der Wandfarbe zu sehen waren. Er hatte Recht.

Das war sicherlich nicht schön und entsprach nicht dem sonstigen Eindruck. Vorher aber hatte ich nur die Schönheit des Raums gesehen und bewundert, was es auf den ersten Blick so zu bewundern gab. Solche kleinen Details fielen mir gar nicht auf und sie interessierten mich auch nicht.

Ich fragte mich, ob es nötig war, dass er meine Wahrnehmung auf diesen Mangel gelenkt hatte, und musste an viele Situationen denken, bei denen ich mich oder meine Arbeitsergebnisse präsentiert habe. Worauf habe ich den Fokus gelenkt und was habe ich damit erreicht?

## Fazit

Meine Sichtweise und Perspektive ist geprägt durch meine Ausbildung, meinen Hintergrund, meine Vorerfahrungen und meine Gefühle. Um diese zu verändern, bedarf es intensiver Reflexion und des sich immer wieder Bewusstmachens, worauf es mir ankommt.

So auch als Präsentator. Ich entscheide, worauf ich den Fokus der Wahrnehmung meiner Zuhörer lenke. Dementsprechend entstehen Bilder in den Köpfen meiner Zuhörer. Die Sprache prägt das Denken.

# Sie befinden sich …

Paul und Martin befanden sich auf dem Heimflug von einem Managementtraining in Innsbruck nach Wiener Neustadt. Als leidenschaftlicher Flieger hatte Paul als Transportmittel natürlich sein Sportflugzeug gewählt und Martin war froh, die 450 Kilometer so rasch wie möglich hinter sich bringen zu können.

Nicht einmal sein A6 wäre so schnell gewesen.

Kurz vor Wiener Neustadt gerieten sie in dichten Nebel und verloren die Orientierung. Plötzlich erspähte Paul auf dem Dach eines Hochhauses zwei Männer. Er ging so tief runter wie möglich, öffnete das Fenster und brüllte hinaus: „Wo befinden wir uns hier?"

Einer der beiden Männer sah auf und rief zurück: „Sie? Auf dem Pilotensitz einer zweimotorigen Cessna!"

Paul nickte dankend, schloss die Tür, flog eine Schleife und landete zehn Minuten später auf dem Flugplatz Wiener Neustadt.

Nachdem sie zum Stillstand gekommen waren, fragte Martin erstaunt: „Wie hast du das geschafft? Was der Typ gesagt hat, war doch völliger Schmarrn."

„Nein; die Antwort war hundertprozentig richtig, aber vollständig irrelevant. Doch dann fiel mir sofort ein, was das für ein Hochhaus war – und dass es etwa vier Kilometer in südöstlicher Richtung vom Flugplatz entfernt liegt."

## Fazit

In Gesprächen erhalten wir Informationen von anderen und manchmal denken wir, wie Martin in der Geschichte, dass es sinnlose Informationen sind. Doch auf den zweiten

Blick können sich darin wertvolle Hinweise für unser Tun und Handeln verbergen.

Aus diesem Grund ist es förderlich, sehr aufmerksam und wertschätzend mit den Aussagen anderer Menschen umzugehen.

# Trio dentale

Erhobenen Hauptes stand sie an ihrem angestammten Platz im Zahnputzbecher. Dass sie allen immer zuerst ihre Borsten zeigte, war keineswegs ein schlechter Charakterzug oder ein Hinweis auf ein mürrisches Wesen. Im Gegenteil. Friedlich stand sie an ihrem Ort, und ihre Borsten reihten sich in sinnvoller Ordnung aneinander: zehn Borstenbündel in der Länge, drei in der Breite.

Die meiste Zeit des Tages verharrte sie in ihrem Zahnputzbecher in scheinbar stiller Einsamkeit. Doch in Wirklichkeit war sie gar nicht einsam. Sie bildeten vielmehr ein Trio; sozusagen eine Wohn- und Dienstgemeinschaft. Die beiden andern – noch eine Zahnbürste und eine Tube Zahnpasta – teilten mit ihr den Platz im Zahnputzbecher.

Platzstreit gab es nie bei ihnen. Auch sonst keine Auseinandersetzungen. Sie waren ja schließlich aufeinander angewiesen und dienten den gleichen Herrschaften. Während die beiden Zahnbürsten in einem klar geordneten Dienstverhältnis standen – die eine diente einer Dame, die andere einem Herrn, musste die Zahnpasta zwei Herren dienen. Doch auch das tat sie mit verzehrender Hingabe, opferbereit, unparteiisch und treu. Sie hätte wirklich nicht sagen können, wem sie mehr zugetan war. Eins nur hätte sie gern anders gehabt; aber ihr fehlte der Mut, es auszusprechen. Die Dame drückte ihr bei jedem Diensteinsatz – und das geschah täglich dreimal – mitten in die Magengegend. Der Herr dagegen pflegte sie sanft an den Füßen zu drücken.

Dies ständige Hin und Her bewirkte leichte Gleichgewichtsstörungen. Was sie aber eigentlich bedrückte, war noch nicht einmal dieses Unwohlsein. Die ungleichen Gewohnheiten der Dame und des Herrn waren immer wieder die Ursache familiärer Auseinandersetzungen. Und die setzten ihr so zu. Sie wollte doch mit ihrem Dasein dienen und nicht Anlass von Streitereien sein. Das war das Kreuz ihres Lebens. Ob sich wohl die beiden Streithähne eines Tages nicht doch noch auf einen „Druckausgleich" einigen könnten?

## Fazit

Druck hat Wirkung! Manchmal bewirkt Druck genau das Gegenteil dessen, was man gerne erreichen möchte, und ist für gemeinsame Zielerreichung nicht förderlich.

Vorgesetzte, Projektleiter und andere Personen müssen sich auf eine konsistente Führungsstrategie einigen.

# Betrug

John Fraudman war auf den ersten Blick kein unangenehmer Zeitgenosse. Im Gegenteil: Wenn man ihn sah, glaubte man, eine gemütliche Ausgabe von Bruder Tuck vor sich zu haben, dem glaubensfesten Kampfgefährten von Robin Hood. Fraudmann erweckte mit seinem Bäuchlein, dem schütteren Haar sowie dem treuherzigen Blick den Eindruck, keiner Fliege etwas antun zu können.

Das Problem mit John war nur, dass er Menschen aufs Kreuz legte, so wie andere mal rasch einen Kaffee zum Frühstück trinken.

Seine hervorragenden Zeugnisse als Buchhalter waren gefälscht – das wichtigste davon, sein Master-Diplom, stammte von der Harard-University. Den fehlenden Buchstaben begründete John meist mit einem Druckfehler und er hatte auch eine passende Anekdote dazu parat. Damit waren etwaige Zweifel beiseite gewischt, und sonst waren die Urkunden so gut gemacht, dass sie ihm die Türen der meisten Controllingabteilungen öffneten.

Im Lauf der Jahre hatte er sich etliche Scheinfirmen sowie Kontakte zu allen namhaften Banken aufgebaut, mit deren Hilfe er mehrere Millionen von den von ihm beratenen Unternehmen abzweigte. Einige dieser Unternehmen gingen anschließend in Konkurs, aber damit sank das Risiko der Entdeckung – er war sowieso schon längst wieder bei der nächsten Firma am Werk.

Kurz nach seinem fünfzigsten Geburtstag beschloss John, das Glück nicht überzustrapazieren und sich zur Ruhe zu setzen. In einer Zeitungsannonce war das TAL-Boston, ein renommiertes Hotel in der Bostoner Innenstadt, zum Verkauf angepriesen.

Er besichtigte das Objekt gemeinsam mit dem Geschäftsführer von Prime Estates Inc., sie wurden sich handelseinig und John sah einer wohligen Zukunft als Hotelinhaber entgegen.

Als er aber am Tag nach dem Kauf sein Büro im ersten Stock des Hotels betreten wollte, saß dort ein aufgeblasener junger Kerl, der John nach kurzem Wortgefecht von zwei Sicherheitsleuten auf die Straße setzen ließ. Unterwegs machten die beiden jedoch einen kurzen Halt an der Rezeption, wo John ein Brief in die Brusttasche seines Hemds gesteckt wurde.

Vor dem Hotel öffnete er das Schreiben.

„Lieber Mr. Fraudman. Als Absolvent der Harard University, deren Verwaltungschef ich einmal war, wissen Sie sicher, dass es bei einem guten Deal in unserer Branche sehr auf das Kleingedruckte ankommt. Bei unserem Geschäft haben Sie – völlig korrekt und legal – das TAL-Boston-Hotel erworben. Leider muss ich Ihnen sagen, dass dieses Objekt noch nicht gebaut wurde und vermutlich auch nie gebaut wird, da die zugehörige Genehmigung ein Stück Land betrifft, welches dem Staat gehört. Aber das Projekt dahinter gehört nun Ihnen! Falls Sie sich fragen, was es mit dem Hotel auf sich hat, das Sie besichtigten: Dabei handelt es sich nicht um das TAL-Boston, sondern um das TAJ-Boston.

Viel Spaß mit dem TAL!

Ihr J.R. Betterman"

## Fazit

Wie begegnen Sie anderen Menschen? So wie Sie anderen Menschen begegnen, werden diese Ihnen begegnen. Der Bumerangeffekt führt verlässlich zur Wechselwirkung. Wir ernten, was wir säen. Eine wertschätzende und ehrliche Haltung im Umgang mit anderen und mit uns selbst ist eine innere Haltung, die belohnt wird.

# Wissen ist Macht

Am zweiten Jänner waren mein Freund Robert und ich zur traditionellen „Come-together-Party" bei den Thiemanns eingeladen. Sie veranstalteten alle zwei Monate ein solches Fest, bei dem die Reichen sich gegenseitig zu übertrumpfen versuchten – mit der Villengröße, dem niedrigeren Golf-Handicap oder den teuren Oldtimern in der Garage. Herr Thiemann war Eigentümer mehrerer Verlage sowie eines Versandhauses, das sich auf exklusive Designerartikel spezialisiert hatte.

Robert hatte der Tochter des Hauses mehrmals Nachhilfe gegeben und sie vor einer Sechs in Deutsch bewahrt. Er war promovierter Germanist und liebte sein Fach über alles; Sprache und Sprichwörter waren seine einzigen Hobbies. Aber dennoch konnte man seine Fähigkeiten zum Smalltalk bestenfalls als gering einstufen. Deshalb nahm er mich zu solchen Veranstaltungen gerne mit. Als gelernter Werbefachmann konnte ich mit jedem über fast alles reden und Robert hatte seine Ruhe und konnte in einer ruhigen Minute mit Herrn Thiemann über aktuelle Neuerscheinungen am Buchmarkt philosophieren.

Wir hätten diese Veranstaltungen genossen – wäre da nicht Vincent gewesen, ein gebürtiger Belgier, der mit seinem Akzent und seiner besserwisserischen Art schon bei mehreren ähnlichen Veranstaltungen negativ aufgefallen war. Er schaute auf Robert und mich herab wie die Freiheitsstatue auf die Ausflugsboote zu ihren Füßen. *Der Sprachbesessene und sein halblustiger Freund*, so nannte er uns. Wir spielten ja nicht einmal Golf, wie er beim letzten Treffen im November gemeint hatte. Außerdem wären wir nicht halb so gebildet wie er.

Als wir ankamen, stand Vincent im wahrsten Sinn des Wortes über uns: Er lehnte auf dem Podium des Veranstaltungssaals am Flügel und belaberte Frau Thiemann vermutlich mit seiner historischen Halbbildung.

Wir waren nur noch wenige Meter von den beiden entfernt, als Frau Thiemann Robert und mich sah.

Sie wollte gerade zur Treppe gehen, um uns zu begrüßen, da hielt Vincent sie am Arm fest, um ihr eine seiner Geschichten zu Ende zu erzählen.

Die meisten Gäste hatten Frau Thiemanns Bewegung offenbar so interpretiert, dass die offizielle Begrüßung kurz bevorstand, und ihre Gespräche waren verstummt. Das hielt Vincent nicht davon ab, weiterzuquasseln, und um sich loszueisen, drehte sich Frau Thiemann zu ihm um: „Sie wissen so viel, mein lieber Vincent."

Er strich sich über den Schnurrbart. „Wie heißt es so schön? Wissen ist Macht."

Dieser seltsame Dialog zog noch mehr Aufmerksamkeit auf sich.

Alle warteten still auf die Antwort der Gastgeberin.

Doch nicht Frau Thiemann, sondern Robert erhob das Wort. „Das Sprichwort geht noch weiter", sagte er, und alle drehten sich zu ihm um. „Wissen ist Macht. Wie falsch gedacht. Wissen ist wenig. Können ist König."

Als Vincent ihn mit offenem Mund anstarrte, hob Robert lächelnd den Zeigefinger. „Peter Rosegger heißt der Autor."

Langsam hob sich der Applaus, der Vincent offenbar dazu veranlasste, die Party frühzeitig zu verlassen.

## Fazit

Von Zeit zu Zeit treffen wir auf Menschen, die unser Können und Potenzial verkennen, weil sie zu sehr mit sich beschäftigt oder auch von sich eingenommen sind.

Vielleicht geht es uns auch manchmal so, dass wir andere schnell abtun, weil wir nichts Besonderes von ihnen erwarten. Wenn wir jedoch näher hinschauen und uns die Zeit nehmen, die anderen besser kennen zu lernen und ihnen zuzuhören, können wir wahre Schätze in ihnen entdecken, die uns selber bereichern.

Wenn wir unser Wissen zeigen, dann sollten wir uns dessen auch sicher sein, um glaubwürdig zu bleiben.

# Missklang im Orchester

Das Orchester zählte an die 50 Musiker. Sie spielten vorwiegend klassische Musik wie Mozart, Beethoven, Brahms und Schumann. Sie traten in vielen deutschen Städten auf, spielten jedoch am liebsten in großen Opernhäusern. Ihr Dirigent, ein Mann um die Fünfzig, war weltbekannt und mit ihm ernteten sie viel Ruhm und Ehre. Die meisten von ihnen waren stolz auf ihn. Er dirigierte mit großer Energie und sein ganzer Körper zeigte ihnen an, ob ein Stakkato, ein Fortissimo, Andante oder ein Allegro an der Reihe war. Er lebte für die Musik und beflügelte sie damit zu Bestleistung.

Eines Tages jedoch merkten sie, wie er den Einsatz verpasste, wie er mit unkonzentriertem Blick über das Orchester hinweg sah und scheinbar mit seinen Gedanken ganz woanders war. Auch die Oboe verpasste ihren Einsatz und von Zeit zu Zeit kamen falsche Töne, die zwar nicht vom Publikum, jedoch aber von den Orchestermitgliedern deutlich zu hören waren.

Viele wunderten sich, einige ließen es außer Acht, andere wiederum regten sich auf. Nur wenige zeigten Verständnis, weil sie wussten, dass jeder mal einen schlechten Tag haben kann. Doch einige Kritiker bemerkten den Fauxpas und verrissen die Aufführung am nächsten Tage in ihrer Zeitung. Das wiederum konnten einige Musiker nicht akzeptieren und suchten sich ein anderes Orchester, ohne genau zu wissen, was eigentlich vorgefallen war.

Jahre später noch, während seiner Rente, vergrub sich der Dirigent vor Gram und schämte sich, weil es nicht bei dem einen Fehlgriff geblieben war. Und er erinnerte sich genau an den Streit, den er vor dem Konzert mit dem Musiker der Oboe hatte, weil dieser Töne nicht sauber spielte, sich aber hartnäckig und stur zeigte, seinen Stil so weiter im Orchester zu spielen. Der Dirigent überwand dies nie, nahm es der Oboe übel und konnte deshalb auch nicht mehr zu seiner Bestleistung kommen.

## Fazit

Konflikte entstehen in unserem Leben manchmal sehr plötzlich und ohne dass wir darauf vorbereitet sind. Die Frage ist, wie wir mit diesen umgehen, damit ein weiteres Zusammenarbeiten und -leben möglich wird.

Wenn wir Konflikte einfach negieren, negieren wir auch unsere damit entstehenden Gefühle und nehmen diese nicht ernst. Und manchmal quälen sie uns noch Jahre später. Deshalb ist es wichtig, seine eigenen Gefühle zu erkennen, wahrzunehmen und rechtzeitig für sich zu sorgen.

# Nägel-in-die-Wand-Schlagen

Zwei meiner Mitarbeiter gerieten sich immer wieder in die Haare. Der eine musste mit einem Computerprogramm etwas anfertigen, was der andere zur Weiterverarbeitung benötigte. Der für die Weiterverarbeitung zuständige Mitarbeiter war aber der fachliche Experte. Er hatte dem anderen die Vorlage geliefert, mit der dieser nun arbeiten musste.

Mit dem auf Basis dieser Vorlage gefertigten Ergebnis war der Experte nicht zufrieden und er beschwerte sich immer wieder. Der Laie hingegen schob alles auf die Vorlage und auf seine Unkenntnis des Programms. Immer wieder maulten und schrien sie sich an.

Tatsächlich leisteten beide ganz ordentliche Arbeit und es gab bei keinem von ihnen besonderen Grund zur Unzufriedenheit. Es war also fachlich kaum etwas zu ändern, nur die Aggressivität musste abgebaut werden.

Irgendwann hatte ich eine Idee. Ich schickte beiden eine förmliche Einladung zu einer Besprechung mit noch unbekanntem Thema in ein ungemütliches Besprechungszimmer und schnitt aus normalem Papier zwei Hämmer aus – etwa in der richtigen Größe zum Nägel-in-die-Wand-Schlagen.

Zu Beginn der Besprechung stellte ich ihnen dar, dass ich eigentlich überhaupt kein Problem sähe, ich aber der Meinung wäre, dass sie sich jetzt in meiner Gegenwart mal richtig streiten und abreagieren sollten. Ich gab jedem einen Hammer und forderte beide auf, jeweils fest auf den anderen einzuschlagen, am besten auf den Kopf. Erst schauten sie nur ratlos, doch nach mehrmaligem Auffordern schlugen sie dann doch zu – zweimal, dreimal, …, neunmal, zehnmal.

Und am Ende? Wir alle drei saßen lachend im Besprechungszimmer und von da an versuchten die beiden – nicht immer, aber meistens, ihre Meinungsverschiedenheiten sachlich auszudiskutieren. Streits wie früher gab es nie mehr.

## Fazit

In der Zusammenarbeit entstehen manchmal ausweglos erscheinende schwierige Situationen. Mit herkömmlichen Methoden ist diesen oft nicht beizukommen. Gerade als Führungskraft kann man in solchen Situationen seinen Mitarbeitern kraft seiner Rolle ungewöhnliche, aber humorvolle Strategien zur Konfliktlösung vorschlagen. Dabei können die Gefühle und Befindlichkeiten der Beteiligten wertgeschätzt und ernst genommen werden.

# Smalltalk

Wir waren vor einigen Wochen zu einer Hochzeitsfeier eingeladen. Während wir unseren Tisch mit Bekannten teilten und schon viele vergnügte Gespräche im Gange waren, beobachtete ich folgende Situation:

Am Nachbartisch saßen offensichtlich nur Paare, die sich nicht kannten. Die Blicke zueinander waren kurz und reserviert, Gespräche fanden nur mit der direkten Begleitperson statt. Ein neues Paar näherte sich dem Tisch, schaute unsicher auf die Namenskärtchen, atmete erleichtert auf, als es darauf seinen Namen fand, und ließ sich mit einer zögerlich in die Runde gemurmelten Begrüßung auf seine Stühle gleiten. Die anderen quittierten die Neuankömmlinge ebenfalls mit kurzem Gemurmel und flüchtigem Blick, der gleich wieder diffus in die Ferne schweifte. Zwei Stühle waren noch frei. Mal gucken, wer da noch kommen würde. In der Zwischenzeit war es äußerst interessant, die schon anwesenden acht Personen zu beobachten. Offensichtlich fühlten sich alle unwohl in ihrer Haut: angespannte Mimik und Körperhaltungen, der suchende Blick in der Ferne, ob nicht doch irgendwo im Raum ein Bekannter zu sehen war. Manchmal entstand eine kurze, leise Unterhaltung mit dem vertrauten Partner oder eine zögerliche Smalltalk-Frage zum bisher unbekannten unmittelbaren Tischnachbarn, die aber ebenso zögerlich beantwortet wurde und schnell zum Erliegen kam. Eine verkrampfte Situation. Ich litt mit ihnen.

Etwas später kam die letzte Person an den Tisch. Es war ein Mann. Er kam alleine. Er blieb einen Moment stehen, schaute mit einem Lächeln in die Runde und sah jeder Person einmal kurz in die Augen. Mit fröhlichem Tonfall sagte er ein paar Begrüßungsworte und ging einmal um den Tisch. Er schüttelte jeder Person herzlich die Hand und stellte sich kurz vor.

Als er sich setzte, hörte ich ihn laut in die Runde sagen, dass seine Frau heute leider verhindert sei und er hier niemanden weiter kenne. Doch freue er sich auf diesen besonderen Abend, an dem sein Schulfreund seine Hochzeit feiere und dass er die Feier genießen wolle. Er fragte die anderen, ob sie sich kennen, welche Beziehung sie zum Brautpaar hätten, wie ihr Name sei und wie sie das mit der Anrede handhaben wollten. Dabei hörte er aufmerksam und freundlich zu.

Innerhalb von 20 Minuten saßen alle Personen mit entspanntem, freudigem Gesicht am Tisch, die Gespräche wurden intensiver, der Tonfall löste sich, es wurde immer häufiger gelacht. Man bot sich gegenseitig an, Getränke einzuschenken, und stellte schnell Gemeinsamkeiten fest, die es zu erkunden gab.

Ich bewunderte diesen jungen Mann dafür, wie er die acht anderen Menschen an diesem Tisch mit seiner offenen, freundlichen und auch wertschätzenden Kommunikation in Kontakt brachte und Weichen für den Abend stellte. Wäre er nicht gekommen, wäre der Abend vermutlich frostiger für alle verlaufen, während so vielleicht sogar neue Freundschaften entstanden sind. Wer weiß. Aber eines ist sicher: Acht Menschen haben einen Abend ihres Lebens intensiver genossen.

## Fazit

Egal wo und wie wir auf Menschen treffen: Wir können die Beziehung aktiv gestalten und uns und den anderen dadurch mehr Freude bereiten bzw. Zeit auch effizienter nutzen. Die zwischenmenschliche Kommunikation schafft gute Beziehungen. Vielleicht ist es sogar der Beginn einer neuen Freundschaft.

# Ready for Take-off?

Der Pilot einer kleinen einmotorigen Maschine ist auf dem Weg zum Flughafen. Die Zeit bis zum Abflug ist äußerst knapp. In aller Eile werden die Passagiere zur Maschine gebracht.

Mit der Flugsicherung ist ein Slot vereinbart, der gerade noch zu schaffen ist. Schnell wird das Gepäck verladen, der Außencheck wird trotz der Eile noch sorgfältig durchgeführt, doch dann erfährt der Pilot bei der Kontaktaufnahme mit der Rollkontrolle, dass seine Informationen über den Slot falsch sind und er erst sehr viel später wird starten können. Damit wird der geplante Ankunftstermin in Paris kaum zu schaffen sein.

Trotzdem will er versuchen, den geplanten Abflugtermin zu halten; denn er weiß, dass seine Passagiere kurz nach der Landung in Paris einen wichtigen Gesprächstermin haben werden. Im Gespräch mit dem Tower versucht er, auch ohne Slot eine frühere Startfreigabe zu bekommen. Als ihm dann endlich die Rollfreigabe erteilt wird, startet er die Maschine und setzt das Flugzeug sofort in Bewegung. Zum Glück wird die Startfreigabe zügig erteilt und so ist der Start nahezu noch zu der geplanten Zeit möglich geworden.

Doch dann steigt die Maschine nicht wie gewünscht. Handelt es sich um einen technischen Defekt? Eine Kontrolle der Geschwindigkeitsanzeige macht deutlich, dass auch nicht ausreichend Fahrt aufgenommen wird. Ist eine Umkehr notwendig?

Unruhig greift der Pilot nun endlich zu seiner Checkliste, die er in der Hektik nicht konsequent abgearbeitet hat. Ist alles o.k.? Schritt für Schritt arbeitet er die einzelnen Positionen des After Take Off Checks ab. Dabei merkt er schließlich, dass das Fahrwerk noch ausgefahren ist. Er fährt es ein – und jetzt steigt die Maschine endlich wie gewünscht und nimmt auch richtig Fahrt auf. Passagiere und Pilot erleben noch einen schönen abendlichen Anflug auf Paris. Aber der Ärger darüber, dass er sich in diese Hektik gebracht und einen groben Fehler begangen hat, lässt nur langsam nach.

## Fazit

Um in Reden und Präsentationen sowie in schwierigen Gesprächssituationen die Zuhörer zu gewinnen und zu überzeugen, ist es wichtig, in Ruhe zu handeln und sich vorzubereiten. Unterstützen kann uns dabei ein methodisches und routiniertes Vorgehen. Gerade in Stresssituationen helfen uns Rituale und Checklisten, den Druck abzubauen.

# Verbrannte Energie

Kürzlich wollte ich mir in einer Arbeitspause einen Tee kochen. Wieder mal hatte ich wider besseres Wissen mit der Pause so lange gewartet, dass meine Augen brannten, meine Schultermuskeln sich verspannt nach einer Dehnung sehnten und ich noch halb in Gedanken bei meiner Arbeit war, als ich in die Küche ging. Ich freute mich auf den Tee, als ich alles vorbereitete: Wasser in den Topf gefüllt, den Schalter der Platte angedreht, den duftenden Tee in den Beutel gefüllt und in die Kanne gehängt, und letztlich die Tasse parat gestellt.

Ich ging auf und ab, ungeduldig wartend, denn ich wollte an meine Arbeit zurück, wer kann sich heute schon lange Pausen gönnen. Ein Blick in den Topf, noch immer keine Blasen zu sehen, also drehte ich den Hitzeregulator auf die höchste Stufe, schließlich sollte es schnell gehen. Ich setzte meine Wanderung durch den Raum fort und wartete. Während ich so auf und ab schritt, überlegte ich weiter, grübelte über mein aktuelles Arbeitsthema nach, schweifte ab und vergaß dabei wohl ein wenig die Zeit.

Als ich nun gedanklich in die Küche zurückkehrte, stellte ich mit Erstaunen fest, dass das Teewasser noch immer nicht kochte. Nein, es war sogar noch richtig kalt! Was ging denn da schief? Ich überprüfte den Herd und erkannte zu meinem Ärger, dass ich die falsche Platte angestellt hatte. Zwar arbeitete diese mit voller Kraft, doch was nützte mir das, wenn der Topf mit Wasser auf einer anderen stand?! Ich seufzte auf, belustigt über mich selbst, schob den Topf auf die mittlerweile fast glühende Herdplatte und wartete erneut.

## Fazit

Es reicht nicht, den Regler voll aufzudrehen, um Ergebnisse zu erzielen. Es kommt darauf an, die Energie an der richtigen Stelle zu platzieren. Wäre ich in Gedanken nicht woanders gewesen und hätte die richtige Platte angedreht, hätte ich mit weniger Energieaufwand in der gleichen oder kürzerer Zeit mein Ziel erreicht.

# Der Aufzug

Stellen Sie sich vor, Sie sind in einer großen Stadt – zum Beispiel in New York, London, Bangkok oder Mexiko City. Es könnte aber auch in einem kleineren Ort passieren, etwa in Walldorf, in Wuppertal oder in Berlin.

Nehmen wir an, Sie sind in einem Hochhaus mit 25 Stockwerken und vier parallel fahrenden Aufzügen. Enorme Menschenmengen nutzen tagtäglich die Aufzüge, die sie am Morgen nach oben zu ihren Arbeitsplätzen hinaufwinden und am Abend hinablassen.

Jeden Tag mehrere tausend Menschen am Morgen. Tagsüber wird es etwas ruhiger und doch ist immer noch genügend los. Die Menschen stehen dicht gedrängt, Anzug an Anzug, Haut an Haut. Man spürt den Atem der Anderen im Gesicht oder als leichten Hauch im Nacken. Alle schauen, dass sie schnell die Aufzüge verlassen, sobald sie ihr Stockwerk erreicht haben. Sie drängen sich an den Mitfahrern vorbei, mit einem kaum hörbaren „Entschuldigung", und dann nichts wie weg.

Sobald sich der Abend nähert, bewegen sich die Menschen wieder von ihren Arbeitsplätzen nach Hause, die Gebäude bereiten sich auf ihre Nachtruhe vor und auch die Aufzüge werden leerer. Zu diesem Zeitpunkt können Sie in einem der Aufzüge Folgendes beobachten:

Ein Mann betritt den Fahrstuhl, um nach unten zu fahren. Er genießt die Ruhe, allein zu sein, er kontrolliert im Spiegel an der Rückwand sein Aussehen. Er ordnet seine Haare, fährt sich über das Gesicht und rückt den Kragen seines Anzugs zurecht. Heute Abend will er noch mit seiner Freundin essen gehen, und er will ihr gefallen.

Im 20. Stock hält der Aufzug mit einem sanften Brummen an, die Tür geht auf und ein weiterer Mann steigt ein. Beide nicken sich zum Gruß kurz zu, beide stellen sich mit dem Rücken zum Spiegel, mit dem Blick zur Aufzugstür.

Sie alle kennen das, was nun passiert: Es entsteht ein peinliches Schweigen! Die beiden versuchen, jeglichen Blickkontakt zu vermeiden, und so schweifen ihre Blicke immer wieder zur Decke im Aufzug.

15. Stock! Wieder hält der Aufzug. Jetzt kommt eine junge Frau herein, schick gekleidet, mit Kostüm und Bluse, ihre Wangen sind leicht gerötet, sie ist erhitzt von der Arbeit des Tages. Sie schenkt den beiden Männern ein zögerliches Lächeln und reiht sich an den Spiegel ein, ebenfalls mit dem Blick zur Tür.

Auf der Weiterfahrt werden die Liftbenutzer sichtlich nervöser. Sie zupfen an ihrer Kleidung, immer wieder ist ein Räuspern zu hören. Am augenfälligsten sind ihre Blicke, die immer wieder verlegen zur Decke wandern.

Im siebten Stockwerk hält der Aufzug wieder: Der Mann, der als zweiter einstieg, verabschiedet sich mit einem kaum verständlichen „Auf Wiedersehen" und beeilt sich davonzukommen. Die Frau atmet auf, rückt näher an den Spiegel, lehnt sich straff an und nutzt den zusätzlichen Platz.

Im Erdgeschoss angekommen, verlässt sie als erste den Aufzug, der Mann folgt ihr zügig. Beide sind froh, dass ihr Blick wieder unbeobachtet in die Ferne schweifen kann. Mit einem kurzen „Schönen Feierabend" trennen sich die beiden voneinander.

## Fazit

Körpersprache drückt die wahren Emotionen eines Menschen aus. Sie kann nicht lügen.

In einem Aufzug entwickelt sich wie selbstverständlich unter den Menschen eine ganz eigene, gehemmte Aufzugssprache. Der kritische Abstand der Intimsphäre der Menschen wird wegen der Enge des Aufzugs durchdrungen. Häufig entsteht damit ein Unwohlsein bei den Betroffenen.

Um Menschen in allen Kulturen zu respektieren, heißt es, ihre jeweilige Intimsphäre zu erkennen, zu wahren und zu achten.

# König Akbar und die Schnur

Es war einmal ein weiser indischer König namens Akbar. Eines Tages beschloss er, seine Berater und Minister daraufhin zu prüfen, wer von ihnen denn in der Lage sei, das Land zu führen, wenn er krank oder auf Reisen sei.

Er nahm eine Schnur, legte sie der Länge nach gerade auf den Boden und forderte seine Minister auf: „Ich möchte gerne wissen, wer von euch in der Lage ist, die Länge dieser Schnur zu verändern. Bitte macht diese Schnur kürzer, doch ihr sollt dies tun, ohne sie zu verknoten oder gar abzuschneiden!"

Da wunderten sich alle, denn wie sollte man eine Schnur verkürzen, ohne an ihr selbst etwas zu verändern.

Schließlich stand einer seiner weisesten Berater auf und legte eine längere Schnur daneben. Damit wurde die erste Schnur auf einmal kurz. Und sie war nicht verknotet, nicht abgeschnitten und dennoch verkürzt worden.

## Fazit

Wir können die Meinung eines anderen nicht umbiegen, nicht beschneiden oder verknoten, sondern nur unsere eigene Schnur daneben spannen. Das ermöglicht neue Perspektiven.

Mögen die anderen entscheiden, was länger war und was kürzer, was besser oder schlechter ist. Wir können ihnen nur unsere Wirklichkeit aufzeigen.

# Der Pessimist

Es war einer dieser besonders schönen Tage mit herrlicher Sonne und blauem Himmel. Doch der Pessimist dachte bereits darüber nach, wie lange dieses Wetter wohl noch andauern würde, und prognostizierte eine deutliche Verschlechterung für den Spätnachmittag. Obwohl seine Grundstimmung an diesem Tag wirklich nicht die beste war, beschloss er, nun doch einer Einladung zum Fallschirmspringen zu folgen.

Wenn dieses Hobby auch einige körperliche Anstrengungen von ihm einforderte, so sprang er doch gelegentlich mit dem Fallschirm aus Sportflugzeugen der Erde entgegen. Nicht, weil es ihm wirklich Spaß machen oder besondere Freude bereiten würde, sondern eher, um anderen immer wieder zu beweisen, wie aktiv und sportlich er doch sei.

Als er am Flugplatz ankam und mit einem skeptischen Blick zum Himmel erste Wetterveränderungen wahrzunehmen glaubte, war das Flugzeug bereits startklar. Nach kurzer Zeit erreichte die Maschine die Absprungshöhe. Mit einem Blick zum Horizont dachte der Pessimist an seine sichere Regenprognose für den Nachmittag. „Ich bin mir sehr sicher", dachte der Pessimist, „der Regen wird heute Nachmittag nicht lange auf sich warten lassen."

Dann sprang er aus dem Flugzeug der Erde entgegen.

Mitten im freien Fall hatte er folgenden Gedanken: „Wenn ich gleich an der Reißleine ziehe, wird sich mein Fallschirm nicht öffnen." Mit einem kräftigen Ruck zog er an der Leine und, tatsächlich, der Fallschirm öffnete sich nicht.

„Ich bin mir sehr sicher", dachte der Pessimist weiter, „voraussichtlich wird mich auch die Notleine im Stich lassen."

Der Gedanke bestätigte sich unmittelbar. Auch beim Ziehen der Notleine öffnete sich der Fallschirm nicht. Und als der Pessimist sich der Erde näherte, war einer seiner letzten Gedanken: „Dann ist ja wohl auch klar, dass das Fahrzeug, das mich abholen soll, zu spät kommen wird."

Und auch damit sollte er Recht behalten.

## Fazit

Pessimisten haben machtvolle Gedanken. Die selbsterfüllende Prophezeiung wird oft Wirklichkeit. Das Glas ist halb leer und nicht halb voll. Positive Gedanken motivieren und haben unmittelbare Auswirkung auf mich und meine Umgebung.

# Das Seepferdchen

Das Seepferdchen Karla schwamm im Indischen Ozean und schimpfte den ganzen Tag vor sich hin. „Wenn ich nur größer wäre, dann könnte ich schneller schwimmen. Dann könnte ich mehr von der Welt sehen und wäre glücklicher."

Die kleine Seeanemone hörte dies, schüttelte verständnislos den Kopf und suchte schnell das Weite, damit das Seepferdchen nur nicht auf die Idee kam, sie anzusprechen.

Karla schwamm weiter durch die Seegraswälder, grummelte und brummelte, und als der Fetzenfisch vorbeischwamm, tadelte es ihn: „Wenn du nicht immer so unordentlich wärest, dann würdest du nicht immer in meinem Seegras hängen bleiben und die Pflanzen kaputt machen." Der Fetzenfisch brummte zurück: „Und wenn du nicht immer so schlecht gelaunt wärest, dann könnte das Leben einfach nur schön sein!"

Das machte das Seepferdchen wütend und es beschleunigte, damit es den Fetzenfisch nicht mehr sehen musste. Es glaubte sich alleine und so meckerte es vor sich hin: „Jaja, das Leben könnte einfach nur schön sein. Aber wenn doch das Wasser immer so bewegt ist und die Wellen mich immer abtreiben, dann komme ich nie vorwärts und werde nie weiter die Welt erkunden können. Ach, das Leben ist einfach so schwer."

Dies hörte die alte und weise Meeresschildkröte, die sehr weit in den Ozeanen der Welt gereist war, und sagte zu Karla: „Wenn du dich hören könntest, dann wüsstest du, dass du dich selber einschränkst. Lass' doch einfach mal das „Wenn" im Leben weg und du wirst sehen, was plötzlich alles möglich werden kann."

Karla stutzte und war verblüfft. Es war ihr noch gar nicht aufgefallen, dass sie immer so oft „wenn" sagte, und da sie die Schildkröte sehr schätzte, beschloss sie, ihren Rat zu befolgen.

Jahre später traf man Karla vor der ostaustralischen Küste, wo sie mit den tropischen Fischen flirtete und Freude am Schwimmen hatte.

## Fazit

Unser Leben ist geprägt von Werten, Einstellungen und Glaubenssätzen. Diese haben wir schon als Kinder für uns unbewusst gebildet oder auch durch unsere Eltern mitbekommen. Glaubenssätze sind wichtig, da sie uns Kraft geben, schwierige Situationen zu meistern. Gleichzeitig gilt es, diese in unserer jetzigen Lebenssituation zu überprüfen. Häufig schränken sie uns ein, nehmen uns Lebensfreude und blockieren eine Weiterentwicklung.

# Der zufriedene Fischer

In einem Fischerboot am Strand lag ein Mann und döste vor sich hin. Er war wohl mit sich und der Welt im Einklang und genoss den Blick auf das Meer. Ein Tourist wollte diese Idylle mit seinem Fotoapparat einfangen. Dann sprach er den Fischer an: „Ich will mich ja nicht in Ihre persönlichen Angelegenheiten mischen", sagte er, „aber stellen Sie sich mal vor, Sie führen heute ein zweites, ein drittes, vielleicht ein viertes Mal aus und Sie würden drei, vier, fünf, vielleicht gar zehn Dutzend Makrelen fangen … stellen Sie sich das mal vor."

Der Fischer nickte.

„Sie würden", fuhr der Tourist fort, „nicht nur heute, sondern morgen, übermorgen, ja, an jedem günstigen Tag zwei-, dreimal, vielleicht viermal ausfahren – wissen Sie, was geschehen würde?"

Der Fischer schüttelte den Kopf.

„Sie würden sich in spätestens einem Jahr einen besseren Motor kaufen können, in zwei Jahren ein zweites Boot, in drei oder vier Jahren könnten Sie vielleicht einen kleinen Kutter haben, mit zwei Booten oder dem Kutter würden Sie natürlich viel mehr fangen – eines Tages würden Sie zwei Kutter haben, Sie würden…", die Begeisterung verschlug ihm für ein paar Augenblicke die Stimme, „ja, Sie könnten ein kleines Kühlhaus bauen, vielleicht eine Räucherei, später eine Marinadenfabrik, mit einem eigenen Hubschrauber rundfliegen, die Fischschwärme ausmachen und Ihren Kuttern per Funk Anweisung geben. Sie könnten die Lachsrechte erwerben, ein Fischrestaurant eröffnen, den Hummer ohne Zwischenhändler direkt nach Paris exportieren – und dann…", wieder verschlug dem Fremden die Begeisterung die Sprache. Kopfschüttelnd, im tiefsten Herzen betrübt, seiner Urlaubsfreude schon fast verlustig, blickte er auf die friedlich hereinrollende Flut, in der die ungefangenen Fische munter sprangen. „Und dann", sagte er, aber wieder verschlug ihm die Erregung die Sprache.

Der Fischer klopfte ihm auf den Rücken, wie einem Kind, das sich verschluckt hat. „Was dann?", fragte er leise.

„Dann", sagte der Fremde mit stiller Begeisterung, „dann könnten Sie beruhigt hier im Hafen sitzen, in der Sonne dösen und auf das herrliche Meer blicken."

„Aber das tue ich ja schon jetzt", sagte der Fischer. „Ich sitze beruhigt am Hafen und döse, nur das Klicken des Fotoapparates hat mich dabei gestört."

Der solcherlei belehrte Tourist zog nachdenklich von dannen, denn früher hatte er auch geglaubt, er arbeite, um eines Tages einmal nicht mehr arbeiten zu müssen, und es blieb nicht einmal eine Spur von Mitleid mit dem ärmlich gekleideten Fischer in ihm zurück, nur ein wenig Neid.

## Fazit

Begebe dich nicht auf die Suche, wenn du schon angekommen bist. Veränderungen müssen nicht immer zu besseren Ergebnissen führen. Zufriedenheit braucht oft keine Veränderung und wirkt sich positiv auf die Gesundheit aus.

# Vom stillen Augenblick

In jungen Jahren – und das liegt nun schon sehr lange zurück – war er bei den meisten seiner Zeitgenossen ein beliebter und gern gesehener Gast. Nicht, dass er sich deshalb in selbstgefälligem Stolz gesonnt hätte. Es freute ihn vielmehr, dass er, der stille Augenblick, das Leben so manches Menschen prägen durfte.

Doch die Zeiten hatten sich geändert. Andere, vermeintlich viel wichtigere Werte bestimmten das Leben der Menschen. Immer wieder musste er es spüren, wie sein Besuch als peinlich, ungelegen oder gar als störend empfunden wurde.

Schließlich ignorierte man ihn, oder – und das war noch schlimmer – man belächelte ihn als antiquierte Erscheinung alter Zeiten.

Ja, so war das gewesen! Wen wundert es noch, dass es nun zur depressiven Lebenskrise des stillen Augenblicks gekommen war.

Aber das war nun vorbei! Denn auch diese Zeiten änderten sich. Durch schmerzliche Erfahrungen sind manche Zeitgenossen zur Erkenntnis durchgedrungen: Anhaltender Stress und dauernde Aktivität – das hält kein Mensch aus.

Wenn er nicht schon da wäre, sollte man einen stillen Augenblick erfinden, der sich in wohldosierten Abständen in unseren Alltag einbauen lässt. Doch glücklicherweise ist diese Erfindung gar nicht nötig: Den stillen Augenblick gibt es schon längst. Man muss ihn nur zu sich einladen – und er kommt gern.

## Fazit

Es ist eine Kunst, den Augenblick wahrzunehmen. Den Augenblick zu genießen und dankbar sein für diesen Moment des Glücks. Den Augenblick einzuladen mit Konzentration für das Wesentliche.

Dem Augenblick in der Hektik der Arbeitswelten Raum zu geben, entlastet und befreit.

# Der Skikurs

„Skifahren kann man am besten in den Bergen lernen", dachte sich ein junger Mann Ende zwanzig und machte sich auf in einen renommierten Skiort in den Schweizer Alpen. Dort angekommen, ging er geradewegs in eine der Skischulen, um sich für einen Kurs in der kommenden Woche anzumelden. Die Frage, ob er schon einmal in den Bergen zum Skilaufen war, verneinte er wahrheitsgemäß und so wurde er für die Anfängergruppe eingeteilt. Wohlweislich hatte er verschwiegen, dass er im heimischen Keller ein Paar Langlaufski stehen hatte, die ihn trotz mäßiger Winter im nördlichen Flachland dann und wann über die weiten Ebenen getragen hatten.

Am nächsten Morgen machte er sich voller Vorfreude mit seiner neuen Ausrüstung auf den Weg, um pünktlich am Treffpunkt zu sein. Dort fand sich in den kommenden Minuten eine nette Gruppe von Skischülern ein. Schnell wurden erste Bekanntschaften geknüpft, man gruppierte sich vorab zusammen und es versprach eine auch menschlich interessante Woche zu werden.

Bereits bei einer der ersten Abfahrten nahm der Skilehrer unseren Anfänger beiseite und sagte: „Was machst du eigentlich hier? Du stehst garantiert nicht das erste Mal auf Skiern und hast bei den Anfängern nichts verloren." Zur Mittagszeit musste unser Anfänger sich von seinen neuen Freunden verabschieden und in eine höhere Gruppe wechseln. Das machte ihn sehr traurig, hatte er doch schon viele gute Gespräche geführt und sich auf nette Abende gefreut.

In der neuen Gruppe gab es andere Menschen und einen anderen Trainer. Der forderte die Schüler sehr viel stärker, die Übungen wurden schwieriger und die Hänge steiler, kurz: Das Skifahrenlernen wurde zu einer echten Tortur. Nach jedem

Skitag konnten die „Azubis" ihre blauen Flecken zählen und ihren Muskelkater pflegen.

Kurz vor dem Ende der zweiten Ausbildungswoche scheuchte der Trainer seine Teilnehmer nun wieder einen ganz steilen Hang hinunter und ermahnte sie wiederholt: „Gewichtsverlagerung, Hoch-Tief-Bewegung, enge Skiführung." Jedesmal deutete der Lehrer wieder nach oben: „ Noch einmal." Nach mehreren Abfahrten, schweren Füßen und kurz vor Übungsschluss sagte unser Anfänger: „Ach komm, lass' uns den leichten Idealhang nehmen; ich möchte zum Abschluss noch einmal schön herunterschwingen."

Daraufhin gab der Trainer zurück: „Dass du auf einfachen Pisten schön fahren kannst, das weiß ich. Aber um es wirklich zu lernen, musst du den steilen Hang hinunter. Denn nur unter schwierigen Bedingungen wirst du wirklich gezwungen, sauber zu fahren, und das prägt sich dann ein."

## Fazit

Nur wer sich fordert, kann sich verbessern.

Die Angst vor Verlusten hindert uns oft daran, Veränderungen vorzunehmen. Veränderungen bringen uns neue Sichtweisen, neue Erfahrungen und meistens Gewinne.

Um Muster dauerhaft zu erlernen, ist es hilfreich, neues Verhalten unter Belastung einzuüben. Und wenn wir etwas im Leben anders haben wollen als bisher, müssen wir auch etwas anderes tun!

# Die Hummel und der Schmetterling

An einem wunderschönen, sonnendurchfluteten und duftenden Sommertag tanzte eine Hummel vergnügt summend von Blüte zu Blüte und sammelte in ihrem Korb Nektar aus den saftigen Blütenkelchen der bunten Sommerblumen einer Wiese.

Mit Erstaunen sah sie an einer besonders großen Blume, die sie gerade im Landeanflug ansteuerte, wie ein Schmetterling mit angelegten Flügeln den Stängel der Pflanze hinauf kletterte.

Die Hummel schaute dem Schauspiel aus der Nähe zu: Mühsam zog sich der Schmetterling den langen Weg zur Blüte empor. Der Schweiß lief ihm von der Stirn, der Atem ging schnell und angestrengt. Alle paar Schritte hielt er inne und schnappte nach Luft, erschöpft von der Schufterei zitterte sein ganzer Körper.

Nachdem die Hummel ihn, mit Abstand um ihn herumfliegend, eine Weile beobachtet hatte, gewann ihre Neugierde, warum er es sich wohl so schwer mache, die Oberhand und sie summte ihn an: „Hallo Schmetterling, erlaub mir eine Frage." „Was störst du mich, siehst du nicht, dass ich schwer zu arbeiten habe? Nicht jeder hat es so leicht wie du! Was willst du denn?", kam die gehetzte Antwort. „Nun, du bist ja ein Schmetterling, und noch nie zuvor sah ich einen kriechenden Schmetterling. Warum tust du das? Euresgleichen hat schöne große bunte Flügel. Wieso benutzt du diese nicht? Bist du verletzt?", summte die Hummel höflich erklärend zurück. „Ich weiß nicht, ob ich ein Schmetterling bin. In meiner Kindheit war ich eine Raupe. Ich habe gelernt, zu kriechen und zu krabbeln. Mehr kann ich nicht. Ich weiß nichts von Flügeln und Fliegen und nun lass mich weiter kriechen, ich habe Hunger."

Verblüfft schwieg die Hummel einen Moment, doch schon bald stoppte sie den Schmetterling erneut auf seinem Weg. „Freund, ich bin sicher, dass du ein Schmetterling bist. Schmetterlinge können fliegen. Willst du es nicht lernen? Ich bringe es dir bei, wenn du mir anschließend hilfst, meinen Blütenkorb vollzusammeln."

Stunden später sah man eine Hummel und einen Schmetterling gemeinsam ausgelassen und übermütig über die Wiese tollen und gemeinsam den Korb der Hummel füllen.

## Fazit

Im Leben stehen wir immer wieder neuen Herausforderungen gegenüber. Manchmal reichen unsere erlernten Fähigkeiten aus, diese zu meistern. Manchmal jedoch sind wir durch unsere Vorerfahrungen und durch unsere innere Haltung gehemmt. Um sich im Leben weiter zu entwickeln, ist es daher wichtig, die eigene innere Haltung immer wieder zu überprüfen, Neues zu wagen, eigene Grenzen zu überschreiten und damit an Selbstvertrauen zu gewinnen.

# Meister, Meister

Ein Guru der Meditation ruderte über das weite Meer. Er genoss das langsame Vorankommen und hing seinen Gedanken nach. Meditation bedeutete ihm sehr viel und ihm war wichtig, seinen Schülern beizubringen, dass zu meditieren hieß, frei zu sein von Raum, Zeit und Materie.

Als er so eine Weile vor sich hin ruderte, kam plötzlich ein starker Sturm auf und es wurde notwendig, auf der kleinen Insel voran an Land zu gehen. Dort traf er auf eine Gruppe von Schülern, die ihre Mantras sangen. Schnurstracks ging er auf sie zu und meinte: „Ihr singt die Mantras ja völlig falsch."

Und er lehrte sie, die Mantras richtig zu singen. Als er meinte, dass es genug sei, verließ er sie und ruderte weiter.

Während er so eine Weile gerudert war, hörte er hinter sich plötzlich Stimmen. Zuerst nahm er sie gar nicht richtig wahr, aber dann wurden sie deutlicher: „Meister, Meister!"

Doch da er sich auf die Meditation und das Rudern konzentrierte, verlangsamte er sein Rudern erst, als sie noch lauter wurden. Er wandte sich um. Da sah er, wie die Schüler barfuß über das Wasser liefen und ihm dabei zuriefen: „Meister, Meister, wir haben verlernt, unsere eigenen Mantras zu singen!"

## Fazit

Wenn wir immer nur auf andere schauen oder uns auf andere verlassen, dann haben wir selten die Möglichkeit, unsere eigenen Ressourcen zu entdecken.

Manchmal lernen wir unvermutet! Während wir uns auf etwas konzentrieren, uns vielleicht abmühen, es zu behalten oder anzuwenden, und meinen, dass uns dies gerade wichtig ist, stoßen wir auf etwas Neues. Bisweilen kostet uns das Neue keine Anstrengung und wir lernen wie von selbst.

# Vom Zauber des Übens

*Coach Seminar*

Wieder einmal führte am Hofe des Sultans ein Zauberkünstler seine Kunst vor und begeisterte seine Zuschauer. Der Sultan war außer sich vor Begeisterung. „Welch ein Wunder, welch ein Genie!"

Doch sein Wesir, ein kluger Mann, gab zu bedenken: „Verehrter Sultan, kein Meister fällt vom Himmel. Die Kunst des Zauberers ist die Folge seines Fleißes und seiner Übungen."

Diese Bemerkung seines Wesirs verärgerte den Sultan sehr, hatten ihm die Vorführungen des Zauberers doch so viel Vergnügen bereitet. „Du bist ein undankbarer Mensch! Wie kannst du nur behaupten, dass man solche Fertigkeiten durch Übung erlangen könne? Entweder man hat Talent oder man hat es nicht."

Und weil sich seine Wut über den Wesir mit diesen Worten noch steigerte, rief er: „Du hast es jedenfalls nicht, also ab mit dir in den Kerker. Dort kannst du über meine Worte nachdenken. Damit du nicht so einsam bist und damit du deinesgleichen um dich hast, werde ich dir ein Kalb als Kerkergenossen zugestehen."

Und so landete der Wesir im Kerker. Doch bereits am ersten Tag seiner Kerkerzeit übte der Wesir, das Kalb hochzuheben, und jeden Tag trug er es die Treppen seines Verlieses hinauf und hinunter. So vergingen die Tage, Monate und Jahre. Aus dem Kalb wurde ein mächtiger Stier und mit jedem Tag wuchsen die Kräfte des Wesirs.

Eines Tages aber, als er eine schwierige Entscheidung zu treffen hatte, erinnerte sich der Sultan wieder an den Wesir und bat darum, ihn aus dem Kerker zu holen. Als der Wesir vor ihm stand, mit ausgestreckten Armen den Stier tragend, war der Sultan außer sich vor Begeisterung und rief: „Welch ein Wunder, welch ein Genie!"

Und wieder antwortete der Wesir: „Verehrter Sultan, kein Meister fällt vom Himmel. Die Kunst des Zauberers ist die Folge seines Fleißes und seiner Übungen."

## Fazit

Entweder man hat Talent oder nicht, ein Mensch kann entweder dies und jenes oder er kann es nicht. Der Wesir setzt diesem Entweder-Oder eine dritte Möglichkeit entgegen, den Fleiß und die Übung. Damit werden Begrenzungen aufgehoben zugunsten der Vorstellung, dass bei ausreichender Zeit und der Bereitschaft, diese konsequent für seine Ziele zu nutzen, nahezu alles erreichbar ist.

# Zwei Mönche

Zwei Mönche waren auf der Wanderschaft. Eines Tages kamen sie an einen Fluss.

Dort stand eine junge Frau mit wunderschönen Kleidern. Offenbar wollte sie über den Fluss, doch da das Wasser sehr tief war, konnte sie den Fluss nicht durchqueren, ohne ihre Kleider zu beschädigen.

Ohne zu zögern ging einer der Mönche auf die Frau zu, hob sie auf seine Schultern und watete mit ihr durch das Wasser. Auf der anderen Flussseite setzte er sie trocken ab.

Nachdem der andere Mönch auch durch den Fluss gewatet war, setzten die beiden ihre Wanderung fort.

Nach etwa einer Stunde fing der eine Mönch an, den anderen zu kritisieren: „Du weißt schon, dass das, was du getan hast, nicht richtig war, nicht wahr? Du weißt, wir dürfen keinen nahen Kontakt mit Frauen haben. Wie konntest du nur gegen diese Regel verstoßen?"

Der Mönch, der die Frau durch den Fluss getragen hatte, hörte sich die Vorwürfe des anderen ruhig an. Dann antwortete er: „Ich habe die Frau vor einer Stunde am Fluss abgesetzt – warum trägst du sie immer noch mit dir herum?"

## Fazit

Auf schwierige Situationen im Leben treffen wir immer wieder. Und manchmal fällt es uns schwer, sie loszulassen, und wir geben sehr viel Lebensenergie daran, uns noch lange über sie aufzuregen.

Ein japanischer Zen-Meister hat einmal gesagt: „Wir brauchen nicht zu lernen, wie wir Dinge loslassen können; wir müssen einfach nur lernen, es zu erkennen, wenn sie schon fort sind."

# Das verkannte Rassepferd

Es war einmal ein Mann, der wollte ein edles Pferd auf dem Markt verkaufen. Nun war schon der dritte Marktmorgen und noch immer interessierte sich keiner der Marktbesucher dafür.

Da suchte der Mann Herrn Bo, den berühmten Pferdeexperten, auf und sprach zu ihm: „Ich habe ein edles Pferd zu verkaufen, aber keiner von den Marktbesuchern gönnt ihm einen Blick, niemand erörtert seine Vorzüge. Wenn Ihr, Herr, heute einmal vorbeikommen könntet und Euch für mein Pferd interessieren würdet... Ich räume Euch gerne den halben Verkaufserlös meines Pferdes für diese Mühe ein."

So begab der Experte sich zum Markt. Gleich bei der Ankunft begrüßte er das Pferd mit verlangenden Blicken, dann ging er wieder, die Augen immerfort nach ihm wendend. An diesem Morgen erreichte der Preis des Pferdes noch eine Höhe von tausend Goldbarren.

Keineswegs war das Pferd an den Vortagen eine klapprige Mähre gewesen und erst an diesem Tag zu einem rassigen Renner geworden. Allein, weil keiner es zuvor gewürdigt hatte, gab es so lange keinen Kaufinteressenten.

Genau so ist es bei anderen Schätzen: Willst du einem Käufer Kostbarkeiten wie eine wertvolle Perle oder ein Juwel anbieten, so musst du das Kleinod in eine Jadeschatulle betten, die du mit einer goldenen Schnur verschließt. Drückst du es aber dem Käufer ohne Verpackung unzeremoniös in die Hand, wird dieser es nur skeptisch beäugen, gar zornig das Schwert zücken.

Wieso? – Weil du das Geschenk ohne Bezugsrahmen offeriert hast.

## Fazit

Spare nicht am Marketing. Gutes Marketing ist sein Geld immer wert! Das gilt für Produkte, deren Qualität allein kein Erfolgskriterium ist, ebenso wie für Mitarbeiter, deren Leistungen allein ihnen noch lange keine Karriere ermöglichen. Produkte und Leistungen erhalten so einen Mehrwert.

# Der Frühling ist blind

Paris. Die Frühlingssonne erwärmt die Straßen und Parks. Viele Menschen kommen aus ihren Wohnungen, in der Hoffnung, einige Sonnenstrahlen in ihre blassen Gesichter zu erhaschen. So schlendern sie meist einfach nur durch die Straßen, lächeln sich an oder sitzen in den Cafés um die Ecke, um ihren Café au lait zu genießen.

Die ersten Sonnenstrahlen des Jahres locken auch die grünen Blätter und Blüten der Pflanzen und die ganze Stadt ist angefüllt mit dem wunderbaren Duft des Blütenmeeres. Entlang der Champs Elysée, der ersten Flaniermeile Frankreichs, bummeln die Menschen und freuen sich ihres Daseins. Ein Clochard namens Pierre hat den gesamten Winter in einem Obdachenlosenheim verbracht, weil seine Gelenke ihm bei Kälte mehr und mehr Schmerzen bereiten. Vor allem aus diesem Grund hat er sich einen Platz auf der Champs Elysée gesucht, wo ihm die Sonne das Gesicht erwärmt und es windstill ist. Am meisten macht ihm jedoch zu schaffen, dass er blind ist. Wie gerne hat er immer den Leuten zugesehen, die an ihm vorbei flaniert sind, und hat sie fröhlich angesprochen, ob sie nicht ein paar Cent für ihn übrig haben. Heute muss er sich auf sein Gehör verlassen und meistens spricht er sie gar nicht mehr an, sondern dankt ihnen nur noch für die wenigen Münzen, die er hört, wenn sie in seinen Hut klimpern. Sein Schild steht immer vor ihm, um die Menschen zu ermuntern: „Ich bin blind, bitte gebt mir Almosen."

Aber in letzter Zeit merkt er, dass mehr und mehr Menschen an ihm vorbei gehen, ohne etwas zu geben. Fast schon machen sie einen Bogen um ihn herum und weniger und weniger traut er sich, sie anzusprechen.

Auf einmal merkt er, während er so seinen Gedanken nach-hängt, wie jemand stehenbleibt, innehält und sich dann doch entscheidet, weiterzugehen. Pierre überwindet seine Scheu und spricht den Mann an: „Hey, Mann, geh' nicht weiter! Gib' einem armen blinden Mann wie mir ein paar Cent. Dir tun sie nicht weh und mir helfen sie über einen Tag wie die-sen hinweg."

Der Mann antwortet: „Blinder, gerne würde ich Dir etwas geben, aber ich bin selbst Künstler und nage am Hungertuch. Die Zeiten, in denen Menschen Geld übrig hatten, sich für Kunst zu begeistern, sind vorbei und so muss auch ich sehen, wie ich mein Auskommen habe." Er zögert und macht eine längere Pause im Sprechen. Dann fügt er noch hinzu: „Aber – ich habe eine Idee für Dich!"

Pierre, der blinde Clochard, vernimmt Geräusche, aber er kann sie nicht zuordnen und hört nur noch, wie der Mann weitergeht. Sobald der Mann sich entfernt hat, merkt Pierre, wie mehr und mehr Menschen stehenbleiben, sein Schild le-sen und danach Münzen in seinen Hut werfen. Er hört diesem Treiben eine Weile zu und wundert sich, was sich so plötzlich geändert hat, dass die Leute spendabler geworden sind. Als ihn seine Neugier soweit plagt, ruft er „hey, Mann" – dieser hatte sich in den nächsten Hauseingang gestellt, „was hast Du getan?"

„Ach Blinder, viel kann ich nicht für Dich tun. Aber ich habe auf Dein Schild die folgenden Worte geschrieben: Es wird Frühling und ich kann ihn nicht sehen!"

## Fazit

Um Menschen für Ideen zu gewinnen, braucht es die richti-gen Worte. Auf diesem Prinzip basieren Marketingkonzepte; sie drücken einfache Dinge in attraktiven Beschreibungen aus.

Auch Redner brauchen die richtigen Worte, um ihre Zuhö-rer zu überzeugen oder zu begeistern.

Mit Worten können Sie Bilder in den Köpfen der Menschen erzeugen und damit erreichen, dass sich die Inhalte nachhaltig einprägen. Mit Sprache können Sie das Denken prägen. Wenn ich mein Bild verändere, kann ich darüber auch meine Einstellung ändern.

# Der sture Bock

Ein Teamleiter hatte einmal einen Mitarbeiter, dessen Arbeitsmoral ihn immer wieder zur Weißglut brachte. Fehlzeiten waren an der Tagesordnung und es verging kaum eine Woche, in der es nicht einen Grund für ein Kritikgespräch gab. Anfangs war der Teamleiter davon überzeugt, der Mitarbeiter habe keine Lust auf diese Arbeit und wäre fehl am Platz. Gleichzeitig hatte er aber dafür zu sorgen, dass auch dieser seine Leistungen brachte. Mit jener Überzeugung im Rücken verwendete der Teamleiter also all seine Energie dafür, den Fokus auf die Leistung zu setzen und die Defizite aufzuzeigen. Nach einer Weile hatte er mehr und mehr das Gefühl, mit ihm auf der Stelle zu treten, und fühlte sich regelrecht ausgenutzt und missverstanden.

Der Mitarbeiter wollte sich einfach nicht „helfen" lassen und störte das insgesamt gute Leistungsniveau des Teams. In der Folge erhöhten sich die Fehlzeiten und das Verhältnis zwischen beiden war sehr angespannt. Etwas musste geschehen, so ging es nicht mehr weiter.

In dieser Zeit veränderte der Teamleiter die Fragen, die er sich sonst stellte. So wurden aus „Warum bringt der Mitarbeiter die Leistung nicht?" oder „Der Mitarbeiter will einfach nicht!" Fragen wie „Welche Gründe kann es geben, dass der Mitarbeiter so reagiert?" oder „Was geht in ihm vor?".

Er begann über den Tellerrand der Firma hinaus zu blicken und zu denken. So lief er die unzähligen Gespräche in Gedanken noch einmal durch und versuchte, die Botschaften zwischen den Sätzen herauszufinden. Dabei machte er für sich selbst die interessante Entdeckung, wie es war, als Führungskraft einmal den Fokus von Leistung und Zielerreichung auf „sich einfühlen" zu verändern. Es kam dazu, dass er von nun an die Gespräche mit seinem Mitarbeiter in einfühlsamer und interessierter Position führte und nicht länger mit ihm in den „Kampf" darüber ging, was nicht vorhanden war.

Der Mitarbeiter war zunächst misstrauisch über die Veränderung, doch mit der Zeit öffnete er sich mehr und mehr und sie schafften eine kooperative und motivierte Zusammenarbeit.

## Fazit

Die Leistung und Motivation eines Mitarbeiters kommt nicht durch das Aufzeigen von Defiziten zustande.

Auch wenn Sie als Führungskraft Erwartungen in den Mitarbeiter setzen, so ist es wichtig, ihn ganzheitlich zu sehen. Er ist mehr als sein Ergebnis am Ende des Tages und er braucht es ebenso, dass Sie sich als Führungskraft für ihn als Mensch interessieren.

# Die Geschichte
# vom verlorenen Mitarbeiter

Es war einmal ein junger Mitarbeiter – wir nennen ihn Hans, der rang lange mit sich selbst, dann fasste er sich ein Herz und ging zu seinem Chef und sagte: „Chef, ich will fort von hier. Ich will mein Glück in einer anderen Stadt versuchen. Dort habe ich mich auf eine Stelle beworben, die mir sehr gut gefällt. Bitte lass' mich ziehen."

Der Chef war sehr überrascht, war er sich doch keiner Verfehlung bewusst, derentwegen Hans hätte fortziehen wollen. Hans hatte immer seine Arbeit gut getan und sich für das Unternehmen eingesetzt.

„Lieber Hans", sagte er. „Ich höre wohl Deinen Wunsch, allein kann ich ihn nicht glauben. Wir sind doch immer gut miteinander ausgekommen. Du hast immer gute Arbeit geleistet und Deine Ideen waren uns stets willkommen. Nun ja, ich weiß, wir konnten nur wenig davon in die Tat umsetzen, aber das verstehst Du sicher."

„Chef, ich bin nur ein einfacher Mitarbeiter und von Unternehmensführung verstehe ich nicht viel. Warum meine Ideen nicht angenommen wurden, weiß ich nicht. Aber wenn ich in die andere Stadt gehe, werde ich dort eine Stelle antreten, in der ich alle meine Ideen einbringen kann."

„Lieber Hans", sagte der Chef. „Wir haben hier doch immer gut zusammengearbeitet und auf Deine Interessen Rücksicht genommen. Und außerdem: Du hast hier einen sicheren Arbeitsplatz, unser Unternehmen ist auf die Zukunft gut vorbereitet. Und wir haben doch noch viel mit Dir vor."

„Chef, ich bin nur ein einfacher Mitarbeiter und von Zukunftssicherung verstehe ich nicht viel. Aber ehrlich gesagt, mich hat noch nie jemand nach meinen Interessen gefragt oder mit mir über das geredet, was Sie noch mit mir vorhaben. Und wie das Unternehmen auf die Zukunft vorbereitet ist, das weiß hier niemand von meinen Kumpels. Aber wenn ich in die andere Stadt gehe, werde ich dort eine Stelle antreten, bei der ich auf direktem Weg alle diese Informationen erhalten kann. Und nach meinen Interessen hat man mich jetzt schon gefragt."

„Lieber Hans", sagte der Chef. „Wir haben Dir doch hier immer den Rücken gestärkt. Wir haben uns für Dich eingesetzt und dafür gesorgt, dass Du Dich weiterbilden konntest. Außerdem haben wir doch eine wertvolle Unternehmenskultur, die dafür sorgt, dass alle motiviert sind. Ich war doch immer ein guter Chef."

„Chef, ich bin nur ein einfacher Mitarbeiter und Du bist sicher ein guter Chef. Aber in den vergangenen zwei Jahren hatte ich genau drei Seminartage. Und als ich neulich nach einem weiteren Seminar gefragt habe, da hieß es nur, das brauchst Du nicht. Und die Unternehmenskultur, na ja, Chef, die Broschüre ist ja ganz nett. Aber wenn ich in die andere Stadt gehe, werde ich dort eine Stelle antreten, wo alle im Unternehmen nach gleichen Regeln arbeiten. Und mir wurden jetzt schon fünf Seminartage pro Jahr zugesichert."

„Lieber Hans", sagte der Chef. „Wir haben doch immer alles miteinander besprochen. Warum kommst Du erst jetzt damit zu mir? Wir hätten doch vieles viel früher regeln können."

„Chef, ich bin nur ein einfacher Mitarbeiter und ich weiß ja, dass Sie ein vielbeschäftigter Mann sind. Aber ich habe schon drei Mal versucht, mit Ihnen darüber zu reden. Aber Sie hatten nie Zeit für mich."

Da wusste der Chef nichts mehr darauf zu erwidern und ließ Hans ziehen.

## Fazit

In der Kommunikation spielen Vermutungen, Behauptungen und Unterstellungen eine ernst zu nehmende Rolle. Gerade in der Mitarbeiterführung ist es wichtig, dass Führungskräfte die Einstellungen, Meinungen und Erfahrungen ihrer Mitarbeiter hinterfragen, um nicht zu sehr in ihren eigenen Fantasien stecken zu bleiben. So können die Ideen der Mitarbeiter auch ein hohes Potenzial für die Firma darstellen, um neue Märkte und Verkaufsmöglichkeiten zu erschließen und Innovationen zu schaffen. Es ist gut, in die Weiterentwicklung eines Mitarbeiters zu investieren, anstatt sich auf die Einarbeitung neuer Mitarbeiter zu konzentrieren.

# Die Milch des Drachen

Ein Bergbauer hatte zwei Töchter. Mirja arbeitete erfolgreich in der Viehzucht, Anna erledigte die Hausarbeiten.

Tag für Tag ging Mirja mit den Kühen auf die Weide oben am Berg. Sie kannte jedes Tier und wusste genau, was zu tun war. So wuchs die kleine Kuhherde des Bauern rasch an. Nirgends sonst gab eine Kuh mehr und köstlichere Milch.

Aus der Milch wusste Mirja wunderbaren Käse herzustellen. Bald sprach die ganze Gegend von dem Bergbauern und seinem köstlichen Käse. Sogar Mirja selbst wurde gerühmt.

Auch Anna bemerkte das, und sie dachte bei sich, sie wolle auch so bewundert werden wie ihre Schwester. Sie bat den Vater, dass von nun an sie die Kuhherde weiden und auch den Käse machen dürfe. Mirja solle ihr alles zeigen, dann werde es schon gehen.

Der Vater fragte: „Was aber soll Mirja dann tun?" Anna hatte darauf schon eine Antwort: „Lass Mirja Drachen hüten. Für gewöhnliche Kühe ist sie längst zu tüchtig. Denk nur, was sie aus der Drachenmilch alles machen könnte und wie reich wir dann werden!" Freudig stimmte der Vater zu.

Als er Mirja seine Entscheidung kundtat, wurde sie wütend: „Vater, was verlangst Du?! Wir haben doch gar keine Drachen!" Schlau lächelte der Vater: „Darum bekommst ja auch Du, meine Tüchtige, diese Aufgabe. Finde eben welche." „Aber Vater, es gibt doch gar keine Drachen!"

Lächelnd schob der Vater sie zur Tür heraus: „Hier hast Du ein Beutelchen Gold. Geh, mein Kind, suche Drachen und mehre unseren Reichtum. Und wenn Du keine Drachen findest, dann suche nach Kühen, aus denen wir noch besseren Käse machen können. Aber zuvor zeige Deiner Schwester, wie man Kühe hütet und Käse macht."

Mirja hatte keine Wahl. Sie zeigte ihrer Schwester alles. Dann nahm sie aus dem Beutel zwei Goldstücke und verließ ihr Vaterhaus für immer. Es gab ja keine Drachen. Für die zwei Goldstücke kaufte sie sich eine trächtige Kuh und ließ sich weit von daheim nieder. Nach ein paar Jahren hatte sie wieder eine Herde, machte köstlichen Käse und konnte die zwei Goldstücke zurücksenden.

Beim Bergbauern aber kaufte keiner mehr, Milch und Käse schmeckten den Leuten nicht. Auch starben nach und nach die Kühe, weil Anna nicht auf sie Acht gehabt hatte.

## Fazit

Wenn Du einen erfolgreichen Experten hast, dann höre ihn an, ehe Du ihm andere Aufgaben erteilst.

Schau genau hin, wenn jemand um eine Aufgabe bittet: Kann er sie erfüllen oder sucht er nur nach Ruhm?

Wenn Du Deinen Leuten unrealistische Aufgaben gibst, dann können sie gar nichts mehr für Dich tun.

# Francos Zorn

Franco ist der fähigste, wenn nicht der beste Mitarbeiter der Firma, doch leider ist er schwer herzkrank. Manchmal rastet er vollkommen aus, dann läuft der ganze Betrieb zusammen, so laut schreit er und er ist durch nichts und niemanden zu bremsen und ... Dieses Ausrasten muss er in den Griff bekommen, er muss sich ändern!

Seine Führungskraft, die vor einigen Monaten in diesen italienischen Betrieb delegiert wurde, ist Deutsche und noch dazu ist sie eine Frau. Sie versucht es mit Autorität, weil er auch ihr gegenüber ausrastet, sie empfiehlt ihm Entspannungstechniken, etwa Yoga oder autogenes Training, sie schreit zurück...

Doch bei allem fühlt sie sich unwohl und sie nimmt immer wieder deutlich wahr, dass er sich zwar für kurze Zeit zusammenreißt, dass sich die Situation aber nicht nachhaltig ändert. Am liebsten wäre sie ihn los! Schließlich hat er schon viele Stationen im Betrieb durchlaufen und alle – wirklich alle – wollten ihn wieder loswerden.

Nun steht das Personalgespräch mit Franco an. Zur Vorbereitung nimmt sie sich viel Zeit, einen langen Abend, gefolgt von einer schlaflosen Nacht, eine Zeit der Erkenntnisse. Was soll sie ihm sagen, wie soll sie ihm klarmachen, dass es so nicht weitergeht? Sie wird Franco keine Ratschläge geben! Sie will nicht an ihm herumändern. Sie will keine Lösungen für Franco finden.

Dies sind ihre Leitsätze nach der Vorbereitungsnacht.

Und so lässt sie ihn reden, fragt ihn, wie es ihm dabei geht, mit ihr dieses Gespräch zu führen, bittet ihn, zu erzählen, was genau sein Herzproblem ist und was passiert, wenn er beginnt auszurasten.

Und langsam, langsam beginnt es aus ihm herauszufließen. Sie hört aufmerksam zu, urteilt nicht, fragt nach, wenn ihr etwas unklar ist und bekommt ein ziemlich klares Bild von dem, was mit ihm ist und was in ihm ist.

Es stellt sich heraus, dass er seine Probleme sehr gut kennt, und er will daran arbeiten. Immer wieder stellt sie immer gezieltere, lösungsorientierte Fragen. Diese Fragen gelingen ihr, weil sie sich wirklich auf ihn einlassen kann. Es ist wie ein Tanz zwischen gleichwertigen Partnern, wo keiner den anderen belehren will, sondern sich beide immer wieder aneinander anpassen. Keiner will mit Gewalt führen, nur zusammen können sie harmonisch über „das Parkett gleiten".

Und dann finden sie ein paar kleine Ansatzpunkte, wo die Arbeit beginnen kann. Es sind wenige, aber es ist ein Anfang und sie wissen, dass der Weg lang und schwierig ist. Franco ist auch bereit, sich operieren lassen.

Danach reden sie noch oft miteinander, in der gleichen, wertschätzenden Weise. Und irgendwann nehmen beide wahr, dass die Veränderungen nachhaltig greifen.

Besonders deutlich wird das zwei Jahre später, als sie den Betrieb verlässt und Franco guten Gewissens als ihren Nachfolger vorschlagen kann.

## Fazit

Wir können andere Menschen nicht ändern, wir können ihnen nur helfen, sich selbst zu ändern.

Wir können für andere Menschen keine Lösungen finden, wir können sie nur unterstützen, mit Hilfe ihrer eigenen Ressourcen für sie passende Lösungen zu finden, und wir können „bei aller Härte in der Sache" menschlich einfühlsam, wohlwollend und wertschätzend bleiben.

# Drei Schwestern

Ein Bauer hatte drei Töchter. Alle drei gingen ihres Weges und besuchten ihren Vater nur noch selten. Bisweilen besuchten sie ihn gemeinsam, doch der Besuch endete immer im Streit.

Eine war schöner als die andere. Doch in ihrer Art war jede anders. Die Älteste war sorgsam, vorsichtig, gewissenhaft, aber war mit sich selber nie zufrieden. Sie meckerte viel an sich herum, klagte über ihre Vergesslichkeit und hielt alles für schlecht, was sie arbeitete.

Die mittlere Schwester hingegen war selbstbewusst, stark, energiegeladen, war jedoch unzufrieden mit ihrem Leben. Obwohl sie viel anpackte, viel erledigte, sehr arbeitsam und kreativ war, strebte sie immer nach mehr und haderte mit ihrem Schicksal.

Die Jüngste war anders. Nach außen strahlte sie Selbstbewusstsein aus, schwang flotte Reden und es schien, als würde ihr nichts zu viel. In ihrem Inneren jedoch fühlte sie sich klein, überfordert und oft allein gelassen. Gerne würde sie sich mehr Unterstützung von ihren Schwestern holen, aber sie waren gewohnt, dass sie alles alleine schaffte, und zum Fragen war sie zu stolz. Keiner sollte merken, wie sie sich tatsächlich fühlte.

So kam es eines Tages, dass die drei bei ihrem Vater wieder einmal zusammentrafen. Wie bei jedem Besuch berichteten sie aus ihrem Leben und der Vater hörte aufmerksam zu. Er liebte seine Töchter gleichsam, doch merkte er auch, dass sie immer um seine Liebe buhlten und wetteiferten. So dachte er sich eine List aus, bei der sie lernen sollten, dass er sie alle gleich liebte. Ihre Aufgabe sollte darin bestehen, gemeinsam ein Rätsel zu lösen. Dieses Rätsel war jedoch nur zu bewältigen, wenn sie die drei Aufgaben, die er ihnen gab, gemeinsam lösten, und dazu musste jede von ihnen bei den beiden anderen Erkundigungen einholen und sie mussten sich gegenseitig um Hilfe bitten.

Wie erwartet fiel dies der Jüngsten sehr schwer, sie traute sich nicht, ihre Schwestern zu fragen. Auch die Mittlere kam nicht weit – sie wollte ihre Schwestern nicht um Unterstützung bitten.

Die Älteste aber meinte, ihre Aufgabe nicht zu schaffen, und bat die beiden anderen um Hilfe. So schafften sie es gemeinsam, für diese Aufgabe eine Lösung zu finden. Dabei wurde ihnen klar, dass der Vater sie alle drei gleich liebte.

## Fazit

Wer danach strebt, alle seine Aufgaben alleine zu meistern, bleibt alleine und wird auf Dauer unglücklich. Um Hilfe und Unterstützung im Leben zu bekommen, muss man danach fragen und seinen eigenen Stolz überwinden. Auch wenn es sehr schwer ist und wir immer wieder drohen, in alte Verhaltensmuster zu verfallen.

Darüber hinaus ist es wichtig, auch das zu nehmen, was einem angeboten wird, und nicht nur nach den eigenen Vorstellungen zu leben und zu fordern. Das wirklich Schöne im Leben wird einem geschenkt, wenn man es anzunehmen weiß.

# Lob und Leistung

Der Chef einer Unternehmensberatung hatte ein extrem schwieriges Problem zu lösen. Einige seiner Mitarbeiter waren den anfallenden Aufgaben nicht gewachsen. Beim geltenden Arbeitsrecht schien es unmöglich, die Ungeeigneten zu entlassen und Bessere einzustellen. Denn eine Kündigung wegen Minderleistung ist im Beratungsbereich vor Gericht nur mit hohem Aufwand nachzuweisen.

Da ging er zu einem seiner Partner und sagte: „Ich habe ein ungeheures Problem. Lange habe ich gegrübelt, wie ich es lösen könnte. Mir ist nichts eingefallen. Da dachte ich, es gibt eigentlich nur einen, von dem ich mir vorstellen kann, dieses Wunder zu vollbringen. Das bist Du. Fühle Dich nicht unter Druck gesetzt. Möglicherweise gibt es gar keine Lösung. Aber wenn Dir etwas einfällt, dann sage es mir bitte. Du würdest mir sehr helfen."

Dem Partner war die Schwierigkeit des Problems bewusst. Aber nachdem sein Chef die Bitte so formuliert und ihm deutlich gemacht hatte, dass er nur ihn alleine für fähig hielt, das Problem zu lösen, konnte er sie kaum ablehnen. Sie setzte sich langsam in seinem Kopf fest, ohne dass er etwas dagegen tun konnte. Voller Stolz erzählte er gleich am Abend seiner Frau von der Sache, um ihr zu zeigen, wie viel sein Vorgesetzter von ihm hielt.

Von da an musste er in jeder freien Minute über der Aufgabe brüten, bis ihm die Lösung einfiel: Mitarbeiter, die überfordert sind, fühlen sich selbst nicht gut und würden diesen Zustand gerne ändern.

Als er dann mit jedem einzelnen der Kandidaten sprach und sie fragte, ob sie nicht mit ihm gemeinsam eine Aufgabe suchen wollten, die besser zu ihren Fähigkeiten passt, da waren die meisten froh und stimmten dem Vorgehen gerne zu.

Viele dieser Mitarbeiter rufen den Partner auch heute noch heute an, wenn sie Unterstützung beim Wechsel ihres Jobs brauchen.

## Fazit

Jemanden von außen zu motivieren ist fast unmöglich. Die meisten Menschen sind von sich aus motiviert, nur kann diese Motivation durch viele äußere Umstände leicht verloren gehen. In der Zusammenarbeit mit Menschen geht es deshalb vor allem darum, diese Motivation zu erhalten oder Möglichkeiten zu finden, die Motivation wieder hervorzulocken. Am besten geht das, wenn wir den Schwierigkeitsgrad von Aufgaben an die Fähigkeiten der Menschen anpassen.

# Smaragdstaub

Klaas, der alte Reeder, betrat den Laden von Jan, dem Goldschmied. Er zeigte ihm ein kleines Wappen und sagte: „Mach mir einen Smaragdring, der dieses Wappen trägt. Es soll der Siegelring werden für Tom, dem ich in nicht zu ferner Zukunft mein Geschäft übergeben werde."

Jan wiegte bedenklich den Kopf. „Klaas, Du bist der Reeder, nicht ich. Aber wenn ich mein Geschäft diesem Tom übergeben müsste, würde ich vor Unruhe nicht schlafen."

Klaas war verärgert. „Was soll mit Tom nicht stimmen? Bestreitest Du, dass er neun Sprachen fließend spricht und trotz seiner Jugend schon die ganze Welt kennt?" – „Keineswegs." – „Auch hat keiner seinen Verstand je besiegt." – „Gewiss." – „Und sein Gedächtnis – für Namen wie für Zahlen – ist phänomenal." – „Kein Zweifel." – „Was stört Dich dann an ihm? Willst Du etwa behaupten, es mangele ihm an Entschlusskraft? Oder Visionen?" – „Nein, bewahre." – „Was ist es dann?", fragte Klaas entnervt.

Jan zog ein mit Samt ausgeschlagenes Kästchen hervor, in dem ein Smaragd lag. Anschließend holte er auch eine kleine Elfenbeinschatulle. Als er sie öffnete, sah Klaas darin grünen Staub. „Schau Klaas." sagte Jan „Das ist Smaragdstaub, Abfall vom Schleifen. Er ist genau so grün wie der Stein gleich daneben und hat auch sonst alle seine Eigenschaften. Nur eine fehlt ihm: Die Struktur, die ihn zum festen Stein macht. Und genau das macht ihn nutzlos.

Was für den Stein der Zusammenhalt ist, das sind für den Menschen seine Werte: Menschlichkeit, Integrität und Redlichkeit zum Beispiel. Wo diese fehlen, ist der Mensch nicht wie Smaragd, sondern wie Smaragdstaub."

Und dann blies Jan in die Elfenbeinschatulle, so dass der Staub davonflog.

## Fazit

Die Leistungen oder Fähigkeiten eines Top-Talentes sind für sich allein genommen noch nicht entscheidend. Es kommt vor allem darauf an, dass diese Leistungen integriert sind in eine Persönlichkeit, die von Werten lebt.

# Die Fesseln der Gewohnheit

Dompteure nutzen einen einfachen Trick, um Elefanten zu beherrschen: Das Elefantenkind wird mit einem Fuß an einen großen Baumstamm gebunden. So sehr es sich auch wehrt, es kann sich nicht befreien. Ganz allmählich gewöhnt es sich daran, dass der Baumstamm stärker ist als es selbst. Dem erwachsenen Elefanten braucht der Dompteur nur eine Schnur mit einem Zweig ans Bein zu binden: Der Elefant wird nicht versuchen, sich zu befreien. Er hat die unzähligen gescheiterten Versuche in seinem Elefantengedächtnis.

## Fazit

Einseitige Erfahrungen in der Vergangenheit hindern uns, andere Erfahrungen in der Gegenwart zu machen. Diese Gewohnheit erschwert uns auch oft einen Perspektivenwechsel. Damit verschenken wir Gestaltungs- und Handlungsspielraum.

In Projekten: Wie oft machen wir die Erfahrung, dass die Realität unsere Planung überholt. Wir haben deshalb das Gefühl, Planung sei sinnlos und fühlen uns der Realität hilflos ausgesetzt. So wagen wir es nicht, uns umzudrehen und die Realität aus verschiedenen Perspektiven zu betrachten. Wie der Elefant machen wir keine Anstrengung, die Fessel der Gewohnheit zu lösen.

# Die Ordnung der Welt

Ein kleines Mädchen kam zu ihrem Vater und bat ihn, doch ein Spiel mit ihr zu spielen. Doch der Vater hatte gerade keine Zeit und keine Lust zum Spielen. Und so überlegte er, womit er seine Tochter eine Weile beschäftigen könnte. Da sah er in einer aufgeschlagenen Zeitschrift eine genaue Abbildung der Erde, mit Meeren, Kontinenten, Ländern und Städten.

Er löste das Bild vorsichtig aus der Zeitung und und zerschnipselte es in viele kleine Teile. Die gab er seiner Tochter und dachte, dass sie eine ganze Zeit damit beschäftigt sein würde, dieses schwierige Puzzle zusammenzusetzen.

Enttäuscht setzte sich das Mädchen in eine Ecke und arbeitete an der Lösung. Doch bald machte ihr das Puzzle richtig Spaß und schon nach wenigen Minuten zeigte sie dem Vater stolz das fertige Bild der Erde.

Der Vater war verwirrt, denn er war gerade in seine Arbeit vertieft gewesen und hatte noch lange nicht mit seiner Tochter gerechnet. Aber dann fragte er sie, wie sie denn das geschafft habe. Lachend antwortete sie: „Hast Du nicht den Mensch gesehen, der auf der Rückseite der Erde abgebildet war? Den habe ich zusammengesetzt. Und damit habe ich auch die Welt in Ordnung gebracht."

## Fazit

Alles hat seine zwei Seiten. Sieh Dir jeweils auch die Rück- oder Kehrseite an. Wenn Du von hinten anfängst, kannst Du womöglich ganz vorne landen. Verschiedene Sichtweisen unterstützen oft bei der Problemlösung.

Ein Perspektivenwechsel eröffnet alternative Handlungmöglichkeiten.

# Freiheitskämpfern auf der Spur, oder: Der Nabel der Welt

Griechen nach dem Weg zu fragen, bedeutet immer, eine freundliche Antwort zu bekommen. Dieses Mal waren wir auf der Suche nach einer Burg griechischer Freiheitskämpfer.

Unsere auf der Suche nach den griechischen Wurzeln wohl gebräuchlichste Redewendung „Bitte, wo ist die Straße nach...?" beantwortete zunächst ein alter Grieche im Kafenion zuvorkommend mit „erst links, dann rechts und dann auf einer guten und breiten Strasse weiter". Er unterstrich seine Auskunft noch mit einem kühnen Schwung auf unserer Straßenkarte.

„Vielen Dank – efkaristo parapoli!"

Wir fuhren und fuhren, die Landschaft um uns war herrlich, und so dachten wir auch nicht viel nach. Wie weit waren wir schon gefahren? Waren es fünf Kilometer, sechs Kilometer oder gar schon mehr? Noch war von unserem Ziel nichts zu sehen; nur ein Hirte rauchte gemütlich seine Zigarette am Straßenrand. Bravo, hier konnten wir wieder unsere bewährte Frage anbringen. Und weil zuerst keine Reaktion erfolgte, wiederholten wir sie noch einmal. Darauf bewegte unser Raucher seinen Arm müde in unsere Richtung und sagte „nai, nai" – ja, ja!

Na, bitte, die Freundlichkeit der Auskunftgebenden hörte nicht auf und wir machten uns zufrieden wieder auf unseren Weg zu den Freiheitskämpfern. Die Straße war tatsächlich gut und so durchquerten wir weiter die reizvolle Landschaft. Doch langsam beschlichen uns Zweifel, ob wir den alten Herrn aus dem Kafenion richtig verstanden hatten. Wie gerufen lag an der Straße ein schönes Haus. Und so fragten wir zur

Sicherheit auch noch die freundlich grüßende Hausherrin nach unserem Ziel.

Die reizende Frau musterte unsere Straßenkarte, bat um einen Moment des Wartens und erschien dann auch sofort wieder mit einem Globus im Arm. Das Kabel für die Beleuchtung der Weltkugel flatterte hinterher. Stolz drehte sie die Kugel, ein Finger legte sich auf die Oberfläche und triumphierend bekundete sie: „Hier ist Griechenland und hier liegt Athen!"

Schnell sahen wir die Nutzlosigkeit und Engstirnigkeit unserer Straßenkarte ein und bedankten uns strahlend für den guten Hinweis.

Ach, übrigens: Die Burg der Freiheitskämpfer fanden wir auf dem Rückweg gleich neben der Hauptstrasse, von welcher wir zu unserem Abenteuer abgebogen waren. Und zwar ohne zu fragen und ohne Auskunft.

## Fazit

Wenn es darum geht, den richtigen Weg zu finden, helfen uns sicher eine gute Vorbereitung und aktuelle Karten, unser Ziel zu finden. Und im Zeitalter der Navigation und der Kenntnis der Zielkoordinaten verlassen wir uns mehr und mehr auf die Technik und Satelliten.

Doch gelegentlich greifen wir auf unsere eigene Intuition zurück – und das nicht ohne Erfolg, auch wenn rationale Erklärungen nicht gleich zur Hand sind.

# Der leere Schreibtisch

Hans Klar war schon immer ein fleißiger Chef. Er leitete eine Abteilung mit 12 hochqualifizierten, äußerst engagierten Softwareentwicklern. Jeder von ihnen bearbeitete im Jahr etwa 12 Projekte.

Hans Klar liebte es, einen freien Schreibtisch zu haben. Immer, wenn ein neuer Auftrag einging, machte er sich sofort daran, ihn für einen seiner Mitarbeiter aufzubereiten. Und wenn viele Aufträge innerhalb von kurzer Zeit eingingen, saß er abends oder am Wochenende über seinen Projekten, bis Maileingang und Schreibtisch wieder leer waren.

Hatte er die Aufbereitung eines Projekts abgeschlossen, übergab er es sofort einem seiner Mitarbeiter und bat diesen, ihm in ein paar Tagen Rückmeldung zu geben, ob er denn alles verstanden hatte, und ihm zu sagen, wie er die Arbeit technisch angehen wollte. Der betreffende Mitarbeiter nahm sich so schnell wie möglich zwei oder drei Tage Zeit, um sich auf das Projekt einzustellen und eventuelle Fragen bereits in der Vorphase zu klären. Hans Klar schrieb nun den Kunden eine kurze Mail und informierte sie, dass ihr Auftrag bereits in Arbeit sei und dass sie nach sechs bis acht Wochen – ein Erfahrungswert, der seit Jahren fast unverändert blieb – das fertige Produkt zur Abnahme erhalten würden.

Die Abteilung war gut ausgelastet und so wurde eines Tages eine Softwareentwicklerin eingestellt, die erste im ganzen Unternehmen. Pia Pfeil war jung, attraktiv, eloquent und scheinbar auch recht gut in ihrem Job. So beschloss Hans Klar schweren Herzens, ihr zumindest in den ersten Monaten eine Marotte durchgehen zu lassen: Sie nahm keine Aufträge an, bevor sie die alten abgewickelt hatte. Also hob ihr Chef die Aufträge für Pia Pfeil so lange auf, bis sie bereit war, sie anzunehmen.

Nachdem das Geschäftsjahr abgelaufen war, bat ihn der Controller um ein Gespräch. „Herr Klar", sagte er. „Mir scheint, Sie haben ein Problem. Ist Ihnen schon aufgefallen, dass die Aufträge, die Frau Pfeil bearbeitet, im Durchschnitt zwei bis drei Wochen schneller fertig sind als die Ihrer männlichen Mitarbeiter?"

Hans Klar versprach, sich schnell um das Problem zu kümmern. Am einfachsten erschien es ihm, die Sache mit Pia Pfeil zu besprechen. So lud er sie gleich am nächsten Tag zu einem gemeinsamen Mittagessen ein und schilderte ihr das Problem.

„Mensch Hans", meinte sie. „Du bist ein toller Chef. Du bist fachlich versiert, bist fair zu deinen Mitarbeitern und sympathisch bist du auch. Aber von Prozessen verstehst du nix." Und dann klärte sie ihn auf – über Workflow, Auftragsbearbeitung und Durchlaufzeiten.

Von diesem Tag an war sein Schreibtisch immer voll, denn er versuchte, seinen Mitarbeitern exakt zuzuarbeiten. Und seine Abteilung wurde immer größer, weil sie höchste Qualität und kurze Durchlaufzeiten realisierte.

Und was wurde aus Pia Pfeil?

Sie wurde bald seine Stellvertreterin und musste von da an ebenfalls mit vollem Schreibtisch leben. Doch sie tat es gern.

## Fazit

Die Annahme, dass es günstig ist, Aufträge so früh wie möglich in einen Fertigungsprozess zu geben, ist falsch.

Wenn mehrere Projekte parallel statt nacheinander bearbeitet werden, erhöhen sich die Durchlaufzeiten.

Wenn sich Auftragsteile im Wartezustand befinden, ist gut zu überlegen, wo sie warten sollen.

# In Japan

Als langsam deutlich wurde, dass Autos von japanischen Herstellern, besonders von Toyota (nichts ist unmöglich), deutlich zuverlässiger waren als die in der deutschen Hochburg des Automobilbaus hergestellten Wagen, gerieten einige Manager und Ingenieure ins Grübeln. Die Besten waren doch eigentlich sie. Wie konnte es dann geschehen, dass die Daten anderer Hersteller plötzlich besser waren? Das wollten sie gerne wissen.

Also veranstalteten sie eine „Industrial Study Tour" und besuchten das Montagewerk von Toyota. Dort sahen sie sich alle Arbeitsplätze, Automaten, Werkzeuge, Verkettungen und Teilebereitstellungssysteme genau an. Nach jeder Besichtigung setzten sie sich zusammen und protokollierten und diskutierten das Gesehene. Aber sie konnten keine Ursachen für die bessere Qualität finden. Zugegeben, alles war sehr sauber. Die Böden farbig, teilweise weiß lackiert. Es standen keine Teile herum. An jedem Platz waren nur die Komponenten, die gerade in dieses Fahrzeug montiert wurden. Aber das konnte doch nicht der Grund sein. Deshalb fragten sie beim letzten Treffen ihre japanischen Kollegen: „Die Montage haben wir jetzt gesehen. Dürfen wir auch noch das Nachbesserungswerk besichtigen?" In ihrer deutschen Firma wurde jedes Auto nach der Montage sehr gründlich geprüft und getestet. Eine große Truppe von Arbeitern beseitigte in einem Nachbesserungswerk alle festgestellten Mängel. Dafür stand ein Gebäude zur Verfügung, das genau so groß war wie das Montagewerk.

Aber die Japaner verstanden die Frage nicht.

Nachbesserungswerk, das musste ein Übersetzungsfehler sein. Lange diskutierten sie mit den Dolmetschern und den Besuchern, bis sie völlig verblüfft die Frage verstanden. „Ein

Nachbesserungswerk brauchen wir nicht. Wir machen keine Fehler. Und wenn doch einmal einer etwas falsch macht, halten wir sofort das Band an. Meister, Einrichter und Ingenieure eilen zur Stelle. Sie untersuchen penibel, was die Ursache der Störung ist und sorgen dafür, dass dieser Fehler nie wieder gemacht werden kann. Unser Nachbesserungswerk besteht aus zwei Stellplätzen. Falls unsere Qualitätskontrolle doch noch einen Fehler findet, kommt der Wagen auf diesen Platz und wird repariert. Das ist aber selten. Wenn auf der zweiten Stellfläche auch noch ein Fahrzeug steht, ist das eine Katastrophe und muss dem Präsidenten gemeldet werden."

Da dämmerte den Deutschen allmählich, dass nicht Kontrolle und Nachbessern die beste Lösung ist. Dafür sorgen, dass man gar keine Fehler machen kann, das ist die Lösung.

## Fazit

Um neue Erkenntnisse machen zu können, sollten Sie sich zuerst von ihren gewohnten Denkweisen lösen. Sonst sind Sie kaum in der Lage, das Neue zu erkennen.

Besser ist es, gar nicht erst Fehler zu machen. Aus gemachten Fehlern lernen Sie für die Zukunft. Dieser Weg kann viel Zeit und Geld sparen. Die Fehlervermeidung von Beginn an sorgt für optimierte Ergebnisse.

# Angekommen?

23 Gewerkschaftsmitglieder hatten beschlossen, sich in einem Rhetorikseminar in freier Rede zu üben und waren mit großer Erwartung angereist. Die Gruppe war bunt gemischt und so versprach das Seminar sehr spannend zu werden.

Der erfahrene und langjährige Betriebsratsvorsitzende Konrad beeindruckte mit seiner bewegten Gestik und raumfüllenden Stimme. Viele Anwesende schüchterte dieses Auftreten ein und so hörte man immer wieder Aussagen wie: „Ja, so möchte ich einmal reden können. Dann könnte ich auch meine Gegner beeindrucken."

Als die erste Video-Aufzeichnung anstand, steigerte Konrad noch einmal sein Können und er mutete fast wie ein Schauspieler an. Mimik, Gestik und Stimme waren fast übertrieben perfekt. Nicht dass im Anschluss jemand sagen konnte, was Konrad gesagt hatte, aber das „Wie" beeindruckte.

Martin, sein Stellvertreter, schritt siegesgewiss und von sich überzeugt zum Rednerpult. Er „bellte" ins Mikrofon und ruderte mit den Armen. Es machte fast den Eindruck, als suche er Halt. Seine Überzeugungsrede bestand aus Allgemeinplätzen und war somit nicht wirklich überzeugend.

Die so eingeschüchterten weiteren Betriebsräte schienen vor lauter Lampenfieber im Boden versinken zu wollen. Hermann verschwand bleich im Gesicht auf der Toilette, um kurz darauf noch aufgeregter wieder zu erscheinen. Der von ihm gefürchtete Moment war da.

Mit gesenktem Blick ging er ans Pult. Er begann mit leiser, unsicherer Stimme. Doch dann, nach zwei Sätzen, hob er den Kopf, hielt mit seinen Zuhörern Blickkontakt, redete pointiert und deutlich. Sein Beitrag war klar strukturiert, er beherrschte das Thema und argumentierte überzeugend. Seine Angst war weg. Er hatte zu seiner ganz persönlichen Redeform gefunden. Der anschließende Beifall kündete von der besten Rede des Tages. Aus bleicher Angst wurde der Triumph des Erfolges.

## Fazit

Jeder kennt das: Situationen, vor denen wir Angst haben, bei denen Lampenfieber und Nervosität aufkommen und wir uns am liebsten an einen anderen Ort wünschten. Doch überwinden können wir diese Angst nur, wenn wir uns den Herausforderungen stellen, damit üben, Erfahrung sammeln und uns langfristig verändern können. Schon Schiller meinte sinngemäß: „Aus Menschen können Götter werden, wenn ihnen die Angst genommen wird."

# Zeit ist relativ – die peinliche Pause

Mein erster Auftritt auf der Theaterbühne war eine wahrlich peinliche Erfahrung, aber nicht aufgrund der Situation, die ich als schwierig empfand. Während meines Studiums hatte ich die Idee für ein Theaterstück – „Der Zeitzeuge" – welches ich unbedingt auf die Bühne bringen wollte. Die Suche nach Schauspielern gestaltete sich damals schwierig und so stand ich letztendlich selbst, gemeinsam mit einem Querflöte spielenden Freund, auf der Bühne. Ich verkörperte die Figur des Zeitzeugen und sprach meine Gedanken vor mich hin, der Freund antwortete auf seiner Querflöte.

Zunächst lief alles nach Plan, doch dann kam der Augenblick, den jeder befürchtet, der vor Publikum auf die Bühne tritt. Der Blackout. Der Text war weg. Die Flötentöne meines Mitspielers reichten mir als Stichworte nicht aus. Es war still im Saal – ich spürte die Stille und die Hitze, die in mir aufwallte. Blackout. Blackout. Um das Stück zu retten, entschied ich mich schließlich, zu improvisieren, ganz im Wissen, dass auch das Publikum keine Ahnung davon haben konnte, wie der Text tatsächlich lautete. Prompt fiel mir alles wieder ein.

Nach der Aufführung sprach ich meine im Publikum anwesenden Freunde auf die „peinliche Pause", auf mein Stocken an. Keiner von ihnen meinte etwas bemerkt zu haben. „Schöne Freunde seid ihr!", dachte ich. Doch zum Glück gab es eine Videoaufzeichnung der Aufführung, die ich mir im Anschluss in Ruhe anschaute. Dabei stellte ich dann zu meinem Entsetzen fest, dass die „peinliche Pause" die einzige richtig gesetzte Sprechpause im ganzen Stück war. Peinlich war nur die Hektik, die sich in den fehlenden Pausen der anderen Textpassagen widerspiegelte – ganz anders als ich es erwartet hatte.

## Fazit

Das Empfinden von Zeit ist für Redner und Publikum stets unterschiedlich. In einer Rede sind langsames Sprechen und Sprechpausen unbedingt nötig, damit unsere Zuhörer das Gesagte nachvollziehen und verstehen können. Damit wird Worten Nachdruck und Wirkung verliehen.

Wenn der Redner ein Blackout hat, kommt dies bei den Zuhörern noch lange nicht als solches an.

# Der gefangene Ball

Vera war gut in der Schule, sogar in Sport. Nur Ballspielen konnte sie nicht. Alle Mitschülerinnen wussten es: Vera fängt keinen einzigen Ball. Dabei war sie sonst recht schnell, hatte passable Reaktionen und konnte gut sehen.

Vera ertrug, immer als eine der letzten in ein Ballspiel-Team gewählt zu werden. Vera fand sich damit ab, dass sie eben keine Bälle schnappen konnte. Als sie älter wurde, gewöhnte sie sich an den Gedanken, dass sie überhaupt Dinge, die durch die Luft flogen, nicht fangen konnte.

Wollte ihr Freund ihr den Autoschlüssel zuwerfen, wehrte sie ab und ging hin, um ihn sich zu holen. Wenn eine Freundin ihr beim Picknick einen Apfel zuwarf, landete der irgendwo im Gras. Und wenn beim Kramen ein Buch aus dem Regal fiel, ging Vera in Deckung, weil sie wusste, sie konnte es sowieso nicht aufhalten.

Vera wurde Mutter. Eines Tages saß sie bei ihrem Kind und freute sich über dessen erste selbstständige Essversuche. Das Kind feuerte mit einer unkoordinierten Armbewegung eine Plastikschüssel voll Karottenbrei von seinem Tisch. Ohne zu denken griff Vera danach und fing das Schüsselchen im Flug auf. Kurz darauf machte sich der Löffel selbstständig. Wieder fing Vera ihn mit einer einzigen Handbewegung. So ging das eine ganze Weile, bis ihr plötzlich dämmerte, dass etwas an dieser Sache ungewöhnlich war.

Als ihr Mann heimkam, machte sie den Test. „Wirf mir einen Ball zu!", forderte sie ihn auf. Ihr Mann warf, Vera fing. Plötzlich wusste sie, was all die Jahre los gewesen war: Irgendwer hatte ihr und allen eingeredet, sie könne nicht fangen. Und die Mitschülerinnen und sie selbst hatten es geglaubt. So sehr, dass sie wirklich nichts fangen konnte. Nichts hatte dieses Bild ins Wanken bringen können – bis zu diesem Moment.

## Fazit

Selbsterkenntnis kann durch das Fremdbild, das andere von Dir haben, kräftig verzerrt werden.

Und: Blockaden können verschwinden, wenn man hinreichend von ihnen abgelenkt ist.

# Der magische Müsliriegel

Viele Hobbyläufer entwickeln im Laufe ihres Lebens eine immer stärkere Affinität für ihren Sport und so kommt bei einigen irgendwann der Gedanke auf, wenigstens einmal einen Marathon zu laufen. So ging es auch Hubert. Eines Tages sprach ihn ein Arbeitskollege an und sagte: „Du gehst doch auch fast jeden Tag laufen, hast du nicht Lust, einmal an einem Marathonlauf teilzunehmen?"

Hubert wies die Sache zunächst einmal zurück und verneinte. Doch der Gedanke setzte sich in seinem Kopf fest.

Einige Tage später traf er den Kollegen erneut und beide kamen überein, gemeinsam zu trainieren. Nach einem halben Jahr der Vorbereitung und den ersten Rennen über kürzere Strecken fühlte sich Hubert fit genug, um das erste Mal die Strecke eines Halbmarathon zu laufen. Dies war für ihn ein schönes Erlebnis und alles lief prächtig.

So trainierte er eifrig weiter und nach einem Jahr war es soweit. Es kam zum Marathon in Berlin: 42,195 km. An die zehntausend weitere Laufbegeisterte trafen sich bei herrlichem Wetter, um das Ziel des Marathons zu erreichen.

Kurz vor dem Start steigerte sich die Spannung unter den Läufern, Aufregung machte sich breit. Der Startschuss!

Alle liefen recht flott los und auch Hubert ließ sich von dieser „schnellen" Stimmung anstecken. Vergessen war der Vorsatz, nach dem Startschuss langsam zu laufen und sich nicht mitziehen zu lassen. Doch schon nach den ersten beiden Kilometerschildern kam die Erkenntnis: Das ist definitiv zu schnell. Geplant hatte unser Hubert, eine Endzeit von knapp 4 Stunden zu erreichen und so wollte er mit gleichmäßigem Tempo ca. 6 Minuten pro Kilometer laufen, um dann auf den letzten Kilometern noch ein wenig schneller zu werden. Stattdessen lief er mehr als eine Minute pro Kilometer schneller. Sollte er dieses Tempo durchhalten, würde er am Ende um sogar um eine dreiviertel Stunde unterhalb der angepeilten Endzeit liegen. Nur noch aus dem hintersten Winkel seines Bewusstseins hörte er die warnenden Worte des Trainers, nicht vom Plan abzuweichen.

„Ach was soll's", dachte sich Hubert und lief flott weiter. Das Wetter war prächtig und trotz der wenigen Zuschauer machte es Spaß zu laufen.

Am Kilometer 25 merkte er beim Durchrechnen der Laufzeiten an den Kilometerschildern, dass er langsamer wurde. Und dann, bei Kilometer 32, war Schluss.

Hubert setzte sich auf die Bordsteinkante und versuchte, sich zu erholen. Was wirklich los war, wusste er auch nicht so genau, denn mal fühlten sich seine Waden viel zu fest an, um weiterzulaufen, im nächsten Augenblick waren sie wieder ganz weich. So saß er nun da, sah etliche Läufer vorbeiziehen und haderte mit sich und der Welt.

Doch trotz Beschwerden rappelte er sich nach einer Weile auf und lief, oder besser, ging weiter.

Auf einmal hörte er Schritte hinter sich, die sehr leichtfüßig zum Überholen ansetzten. „Wieder mal eine Läuferin, die vorbeizieht", dachte sich Hubert, als sich die Schrittfolge urplötzlich verlangsamte. Eine junge Läuferin sprach ihn an und fragte: „Geht es dir nicht gut?" „Geht so!", gab Hubert zurück und erzählte von seinem zu schnellen Start. Da antwortete die junge Frau: „Ich glaube, ich habe noch einen Müsliriegel, den können wir uns teilen." Sie öffnete ihre kleine Lauftasche und holte einen Müsliriegel heraus. Während sie im Laufen den Riegel verzehrten, erzählte sie von ihrer Uni, wie sie zu diesem Lauf gekommen war und dass dieser Müsliriegel ein ganz besonderer – nämlich ein magischer – sei.

Während Hubert noch darüber nachdachte, was ein magischer Riegel sei und was er bewirken sollte, spürte er eine deutliche Verbesserung seines Zustandes. Die Schmerzen und die

Leere, die ihn noch kurz vorher fast gelähmt hatten, waren wie weggeblasen. Müsliriegel und Gespräch ließen Hubert seine Probleme fast ganz vergessen. Er merkte kaum, wie die Zeit bis zur nächsten Versorgungsstation verging.

Dort angekommen, stürzte sich Hubert auf das angebotene Wasser und trank ausgiebig. Leider trennten sich hier auch die Wege der beiden. Gut gestärkt und wieder motiviert, konnte Hubert nun die letzten 7 Kilometer bis ins Ziel schaffen. Dort angekommen, genoss er den Zieleinlauf. Was am Ende blieb, war ein glücklicher Läufer und ein wahrlich magischer Müsliriegel.

## Fazit

Höchst- und Bestleistung können wir nur dann erbringen, wenn wir selber an uns glauben und uns nicht aufgeben. Der Glaube an Rituale oder an die besondere Wirkung von Gegenständen und Nahrungsmitteln können uns dabei bestärken. Diese ganz persönlich wirksamen Rituale zu finden, stellt eine Herausforderung dar, die anzupacken sich lohnt.

# Der Stolz der Telegrafenstange

Eine beachtliche Distanz zu ihresgleichen einhaltend, stand sie am Straßenrand. Stolz – majestätisch – gleichförmig. Nur ein paar niedrige Sträucher duckten sich ergeben zu ihren Füßen. Sonst war sie allein. – Darauf legte sie großen Wert. Schließlich war sie etwas Besonderes!

Trotzdem konnte sie ihre Herkunft nicht ganz verleugnen. Stammte sie doch aus der Familie der Nadelhölzer und war im Kreise vieler Geschwister aufgewachsen.

Aber im Gegensatz zu ihnen hatte sie eine mehr technische Laufbahn eingeschlagen.

So stand sie also am Straßenrand. Stolz und majestätisch. Ihren Kopf und die Ohren hielt sie steif im Wind.

Letztere – in der Fachterminologie spricht man von Isolatoren – waren aus Porzellan.

Durch die Drähte an ihren Ohren war sie an ein weltweites Kommunikationsnetz angeschlossen. Wie wichtig musste sie sein!

In ihrem Stolz über diese gelungene Laufbahn als Telegrafenstange mischte sich lediglich ein Wermutstropfen. Wohl kitzelten all die Silben, die durch die Drähte eilten, an ihren Ohren. Aber den Sinn und die Zusammenhänge verstand sie nicht. Nicht, dass sie neugierig gewesen wäre! Bewahre! – Aber man möchte doch auch informiert sein und mitreden können!

So war die Telegrafenstange etwas verärgert, ja sie neigte in ihrer seelischen Grundstruktur beinahe zur Resignation.

Um es schlicht zu sagen: Sie versah ihren Dienst völlig lustlos. Dabei übersah sie vollkommen, dass sie für das weltweite Kommunikationsnetz gerade hier an diesem Platz unentbehrlich war.

**Fazit**

Resignation ist kein guter Berater, wenn es um Selbst-WERT geht. Den eigenen Sinn und die eigene Aufgabe zu finden, kann ein wichtiges persönliches Ziel sein. So unterstützen Sie Ihr inneres Wachstum. Warten Sie nicht darauf, dass andere Sie motivieren. Beginnen Sie damit, sich selbst zu motivieren.

# Wie man's auch macht...

Es war heiß und staubig in Teheran, als der Vater wieder einmal mit seinem Sohn und seinem Esel unterwegs war. Der Vater saß auf dem Esel, den der Junge führte. Da kam ein Mann vorbei und sah die kleine Karawane. „Schaut euch diesen Rabenvater an. Er sitzt faul auf dem Esel, während der arme Junge immer müder wird und kaum mit dem Esel mithalten kann."

Der Vater hörte dies, bekam ein schlechtes Gewissen, stieg ab und ließ den Jungen weiterreiten. Doch nach kurzem hörte man den nächsten Vorübergehenden: „So ist sie, die Jugend von heute. Lässt sich transportieren und sitzt stinkfaul auf dem Esel, während sein armer Vater, der Ernährer der Familie, laufen muss."

Diese Worte taten dem Jungen richtig weh und so bat er den Vater, sich zu ihm auf den Esel zu setzen. Das sah eine alte Frau: „Schaut euch das an. Nicht nur, dass Esel Milch geben und schwere Sachen transportieren müssen, sogar zwei Personen sollen sie tragen. Der arme Esel kann kaum noch laufen vor Anstrengung und die beiden Faulpelze ruhen sich gemütlich auf ihm aus!"

Wortlos und traurig stiegen die beiden ab und gingen neben dem Esel her. Doch da kam schon der nächste, der es besser wusste: „Wenn ihr den Esel gar nicht nutzt, könntet ihr ihn auch mir schenken. Ich würde auf ihm reiten, denn ich bin nicht so dumm wie ihr. Ein Esel, der nichts leistet, der ist nicht einmal sein Futter wert."

Der Vater streichelte den Esel, schob ihm eine Handvoll Stroh ins Maul und wandte sich zu seinem Sohn. „So sind die Menschen. Es ist egal, was du tust, irgendjemand wird immer damit unzufrieden sein und es für falsch und unvernünftig halten. Lass uns also von nun an tun, was wir für richtig halten, so dass jeder von uns dreien zufrieden sein kann, der Esel, du und ich."

## Fazit

Es ist nicht immer so offensichtlich wie in dieser Geschichte, dass jede Handlungsalternative von anderen auch als falsch beurteilt werden kann. Dennoch: So ist es.

Wir urteilen selbst oft genug über das Handeln anderer, doch nicht selten ist unsere Sicht auf die Dinge subjektiv und nur eine von uns empfundene Wahrheit.

# Der Sohn des Bauern

Seit einigen Jahren schon bestellten ein alter Mann und sein Sohn gemeinsam ihren kleinen Hof. Der Sohn hatte noch keine Frau, die sie beide bei der Arbeit unterstützen konnte.

Die beiden hatten ein Pferd, das ihnen den Pflug zog. Eines Tages war das Pferd fort, keiner wusste, wohin es gegangen war.

„Welch ein Unglück", sagten die Leute, doch der alte Bauer erwiderte nur: „Glück oder Unglück, wer weiß, wer weiß?"

Bald darauf kehrte das Pferd zurück, und es brachte fünf wilde Pferde mit in den warmen, gemütlichen Stall.

„Welch Glück", sagten die Leute, doch der alte Bauer erwiderte nur: „Glück oder Unglück, wer weiß, wer weiß?"

Der Sohn machte sich an die Arbeit, das erste der wilden Pferde zu zähmen. Doch es warf ihn ab und er brach sich ein Bein.

„Welch ein Unglück", sagten die Leute wieder, doch der alte Bauer erwiderte nur: „Glück oder Unglück, wer weiß, wer weiß?"

Dann zogen Soldaten durch das Land und holten alle jungen Männer in den Krieg. Doch den Sohn des Bauern konnten sie nicht gebrauchen, darum blieb er als einziger junger Mann im Dorf.

## Fazit

Situationen und Geschehnisse, welcher Art auch immer, unterliegen nur allzu oft unseren einseitigen menschlichen Bewertungen, sowohl im Positiven als auch im Negativen, aus eigenem Erleben oder überliefert.

Lassen wir auch andere Perspektiven zu.

# Im Garten

Im Garten eines Hauses schliefen in einer Sommernacht alle Mitglieder einer Familie.

Doch die Mutter konnte nicht recht einschlafen. Und so sah sie, voller Eifersucht, wie ihre Schwiegertochter und ihr geliebter Sohn eng aneinander geschmiegt schliefen.

Der Anblick war für sie nicht zu ertragen, und so weckte sie die beiden Schläfer mit den Worten: „Wie kann man bei dieser Hitze nur so eng zusammen schlafen?"

In der anderen Ecke des Gartens lagen ihre Tochter und der Schwiegersohn, den sie so sehr mochte. Jeder lag für sich alleine und sie waren mindestens einen Schritt weit voneinander getrennt.

Und so weckte die Mutter die beiden und flüsterte ihnen zu: „Wollt ihr euch nicht gegenseitig wärmen? Denkt daran, wie kalt die Nacht noch wird."

Die Schwiegertochter, die noch nicht wieder eingeschlafen war, hörte dies, richtete sich auf und sprach schlaftrunken: „Wie allmächtig ist doch unser Gott. Wärme und Kälte innerhalb eines Gartens. Und wie empfindsam ist doch meine Schwiegermutter. Nur sie hat es bemerkt."

## Fazit

Unsere Voreinstellungen und Sichtweisen gegenüber bestimmten Menschen und Ereignissen bestimmen oft das „Klima", mit dem wir ihnen begegnen.

Dieses Umstands sollten wir uns immer bewusst sein.

# Die Geschichte vom Rabbi, der Ziege und den Hühnern

Eine jüdische Frau klagte ihrem Mann gegenüber: „Mein lieber Mann, schau', unser Leben ist so schlimm. Du hast keine Arbeit, wir leben in einem kleinen Zimmer und haben kaum Platz für unsere fünf Kinder. Ich halte es einfach nicht mehr aus! Geh zum Rabbi, er wird uns helfen, unsere Situation zu verbessern."

Als treusorgender Mann hörte er auf seine Frau und ging zum Rabbi. „Rabbi", sagte er. „Meine Frau jammert und unser Zustand ist wirklich kläglich. Ich habe keine Arbeit. Wir haben fünf Kinder, von denen manche in die Schule gehen und manche noch zu Hause sind. Außerdem haben wir nur ein kleines Zimmer und viel zu wenig Platz. Meine Frau und ich, wir halten das nicht mehr aus. Was sollen wir tun?"

Der Rabbi nickte. Er verstand die Situation. Nach einer Weile des Schweigens sagte er: „Ihr habt doch eine Ziege vor dem Haus?" Der Mann stimmte zögerlich und verwundert zu.

„Dann geh nach Hause und hole die Ziege ins Haus. Die Ziege soll einige Zeit bei euch im Haus leben." Der fromme Mann ging nach Hause und holte die Ziege ins Haus.

Vierzehn Tage später kam der Jude wieder zum Rabbi und sagte: „Rabbi, ich habe getan, was du mir geraten hast", sagte er, „doch es nicht besser geworden. Was soll ich noch tun?"

„Du hast doch noch allerlei Federvieh, oder?", fragte der Rabbi. „Ja, ja, ein paar Hühner und Gänse habe ich im Garten", war die Antwort. „Dann nimm sie auch noch mit in dein Haus", riet der Rabbi.

Der Jude ging wieder nach Hause und nahm die Hühner und Gänse mit in sein Haus.

14 Tage später ging der Jude wieder zum Rabbi. „Rabbi, ich habe getan, was du mir geraten hast", sagte er, „doch es ist noch immer nicht besser geworden, es ist eher noch schlimmer als zuvor. Es ist viel zu eng bei mir im Haus. Was soll ich jetzt bloß tun?"

„Wenn ich mich recht erinnere, hast du auch noch vier Hasen, oder?", fragte der Rabbi. „Ja, ja, das stimmt", antwortete der Jude.

„Das ist gut, dann nimm sie auch noch mit in dein Haus", riet der Rabbi.

Der fromme Jude ging kopfschüttelnd nach Hause und tat, wie ihm geraten wurde.

14 Tage später suchte der Jude wütend und aufgebracht den Rabbi wieder auf. „Deine Ratschläge machen alles nur noch schlimmer!", schimpfte er drauflos. „Ich habe alles gemacht, was du mir geraten hast. Deine Ratschläge haben überhaupt nichts genützt. Ich weiß mir einfach nicht mehr zu helfen. Wenn das so weiter geht, nimmt die Geschichte noch ein böses Ende."

Da sprach der Rabbi: „Du hast doch in deinem Häuschen die Hasen, die Hühner, die Gänse und die Ziegen?" „Ja", war die Antwort, „das hast du mir ja selbst geraten." „Nun", sprach der Rabbi, „geh nach Hause und schmeiße das ganze Viehzeug einfach aus dem Haus."

Der Jude eilte nach Hause und tat, wie ihm geheißen wurde.

Drei Tage später erschien der Jude wieder beim Rabbi. „Danke Rabbi", rief er freudestrahlend, „wir haben jetzt so viel Raum und das Haus ist groß genug für uns alle! Wir haben alle genug Platz und fühlen uns richtig wohl."

## Fazit

Wer kennt nicht das Gefühl, anderswo wäre es immer besser. Oft meinen wir, andere Menschen hätten es leichter und bequemer. Dabei können wir eine wirklich neue Sichtweise auf unsere Probleme bekommen, wenn wir uns einmal auf eine andere Lebensweise, ein anderes Handeln mit unbekannten und vielleicht noch größeren Schwierigkeiten einlassen. An diesen Herausforderungen entwickeln wir uns, auch wenn sie uns manchmal über den Kopf zu wachsen drohen. Der Blick auf das, was wir immer schon tun, erweitert sich vor einem neuen Hintergrund und relativiert unsere Situation.

# Süße Beeren

## Version 1

Ein alter Hirte wanderte mit seinen Kamelen durch die trockene Wüste Marokkos. Er kannte jede Düne, jede Erhebung, fast erschien es ihm, als kenne er jedes Sandkorn. Am Tage war er unterwegs, zog von Nomadensiedlung zu Nomadensiedlung, tauschte und verkaufte all das, was die Menschen in dieser Gegend benötigten. Des Nächtens verbrachte er die Zeit meist alleine unter freiem Sternenhimmel und träumte von seinem Leben:

Er sei reich, wohlhabend, habe perlenbesetzte Kleider, sei umringt von schönen Frauen, die ihn verwöhnten, und esse nur das Beste. Er trinke den reinsten Wein und genieße seine Freuden.

Eines Tages kam er mit seinen Kamelen in eine Gegend, in der er bislang selten war, und entdeckte einen Brunnen. Schon von weitem sah er diesen und wunderte sich. Gleichzeitig freute er sich auf den Geschmack des frischen Wassers, das er lange nicht mehr mit seinem Gaumen geschmeckt hatte. Als er an den Brunnen kam, beugte er sich gierig hinein, und weil er so verlangend war, beugte er sich zu weit und konnte sein Gewicht nicht mehr halten. Er fiel hinab. Als er ungefähr bei der Hälfte des Brunnens war, bekam er ein Dornengesträuch zu fassen, das auf der feuchten Brunnenwand nahrhaften Boden fand.

So hing er da, über sich sah er die Gesichter seiner Kamele, die sich über den Brunnen beugten, unter sich sah er ein dunkles Loch, das für ihn aussah wie das Gesicht eines Drachens. Neben sich sah er zwei Mäuse, die an den Wurzeln des Gesträuchs nagten. Eine so weiß wie Schnee, die andere schwarz wie die Nacht. Sie schienen fast ein perfektes Paar zu sein.

Als er so da hing und über sein Schicksal grübelte, entdeckte er plötzlich eine Beere an dem Gesträuch. Sie war dunkelrot, verlockte fast wie die Lippen einer schönen Frau, hatte die Form eines Herzens und er konnte der Versuchung nicht widerstehen, sie zu pflücken und zu kosten. Ihr Geschmack war süß wie Zucker und zerging im Mund wie der Kuss einer Frau.

Sein einziger Gedanke galt nun den Beeren und er suchte, ob noch mehr davon an dem Busch hingen, und vergaß darüber seine Situation in dem Brunnen. Er war glücklich.

## Version 2

Ein alter Hirte, der Zeit seines Lebens mit seinen Schafen auf den Weiden im südlichen Italien unterwegs ist, vermisst eines seiner Schafe. Also macht er sich mit seinem Wolfshund auf die Suche nach dem verlorengegangenen Tier. Er wandert über Wiesen und Felder, sucht auf Hügeln und in den Wäldern – ohne Erfolg. Plötzlich, ohne ersichtlichen Grund, gerät der Hund an seiner Seite, ihm sonst immer treu ergeben, völlig außer Rand und Band und bedroht mit aufgesperrtem Rachen seinen Herrn. Da weiß dieser sich nicht anders zu helfen als auf den nächstgelegenen hohen Baum zu klettern, sich auf einen Ast zu setzen und voller Angst darauf zu sinnen, woher Rettung kommen könnte.

Über ihm kreist alsbald der Geier, nur darauf wartend, dass sein Opfer ermattet umsinkt, unten steht mit aufgesperrtem Rachen der Hund, und dann sieht er noch zu allem Übel zwei Spechte, einer schwarz, der andere weiß gefiedert, die abwechselnd an dem Ast picken, auf dem er sich in seiner Not niedergelassen hat. Da beginnt er, seine missliche Lage heftig zu beklagen.

So um sich blickend, entdeckt er plötzlich vor sich herrlich dunkelrote Kirschen. Begierig greift er danach, schiebt sich eine Kirsche in den Mund und genießt den süßen, vollen Geschmack dieser Frucht. Er denkt nicht mehr an den Geier, der über ihm kreist, nicht mehr an den Hund mit aufgesperrtem Rachen unter sich, nicht mehr an die Spechte, die an seinem Ast nagen, sondern gibt sich voll und ganz dem Geschmack der Früchte hin.

## Fazit

Eine der größten Herausforderungen im Leben offenbart sich darin, im Hier und Jetzt zu leben und jeden einzelnen Moment zu genießen, als wäre es der Letzte. Oftmals werden wir abgelenkt von den Gedanken an die Zukunft, was alles passieren oder sein könnte. Oder wir hängen noch an der Vergangenheit, die uns beschäftigt und manchmal auch belastet.

Da wir beides nicht mehr beeinflussen können, ist es Energie-gebend und wohltuend Lebens-erfüllend, gedanklich in der Gegenwart zu bleiben.

Zwei Geschichten mit demselben Fazit, unterschiedlich erzählt, um kreativ anzuregen, das Eigene im Training, Coaching oder in einer Führungssituation daraus zu machen.

# Der Admiral mit der Handcreme

Ein Deutscher stritt sich mit einem chinesischen Freund darüber, wessen Landsleute die besseren Ideen hätten. Der Deutsche sprach: „Immer kopiert ihr nur." Der Chinese schüttelte den Kopf: „Ich verstehe unter Erfindungsgeist etwas anderes. Lass mich ein Beispiel geben:

In alter Zeit kam ein chinesischer Admiral mit seiner Flotte in eine Bucht, wo er sich auf die nächste Schlacht vorbereitete. Der Feind, den er erwartete, war weit in der Überzahl.

Seine Leute berichteten ihm, im Dorf gebe es eine Fischerfamilie, die habe eine ganz wunderbare Salbe. Sie schütze vor dem Salzwasser, so dass kein Fischer im Ort wunde, rissige Hände habe.

Da besuchte der Admiral selbst die Fischer. ‚Gebt mir das Rezept!', forderte er. ‚Herr, der Großvater hat das Geheimrezept erfunden, wir dürfen es nicht verkaufen.' Für 500 Silberbarren kaufte der Admiral der Familie das Rezept schließlich ab. Im Dorf lachte man über ihn. Er aber ließ große Mengen dieser Salbe herstellen.

Als der Tag der Seeschlacht kam, da hieß er jeden seiner Soldaten, sich die Hände reichlich mit Salbe einzucremen. Den ganzen Tag wich er auf See seinem Feind aus und zwang ihn in unzählige Wendemanöver. Als der Abend gekommen war, gab es auf den Schiffen des Feindes keinen Soldaten mehr, dessen Hände nicht wund waren. Vor Schmerz konnten sie kein Schwert mehr führen.

Nun endlich griff der Admiral an. Die feindliche Flotte ergab sich kampflos. Als sein Herr, der Kaiser, von diesem Sieg hörte, schenkte er dem Admiral einen Palast, eine Stadt und dazu Gold, Perlen und Juwelen."

Der Chinese sah seinen deutschen Freund an: „Erfinder, wie Du meinst, war der Großvater der Fischerfamilie. Aber würdest Du wirklich sagen, der Sieg des Admirals bestand darin, das alte Fischerväterchen zu kopieren?"

## Fazit

Strategie muss nicht immer bedeuten, eine Sache neu zu erfinden. Es kann auch bedeuten, bekannte Dinge in einer genialen neuen Weise zu verbinden.

Strategie bedeutet nicht selten auch, kreative (Um-)Wege zu finden, um die Aussicht auf Erfolg zu steigern. Manchmal blockieren uns unsere eigenen Vorurteile, neue Wege zu gehen.

# Die goldene Kuh

Es war einmal der Fürst, der hatte einen ausgesprochen gierigen Charakter. Und als der kluge König aus dem Nachbarstaat davon hörte, bekam er nicht übel Lust, den gierigen Fürsten zu Fall zu bringen.

Das Reich des Fürsten lag jedoch unzugänglich in einem zerklüfteten Bergland, und man wusste nicht einmal genau, wo die Hauptstadt lag. Auch führten nur schmale Bergpfade hinein, für Truppen gab es kein Durchkommen.

Da ließ der kluge König in aller Stille eine Kuh aus einem Felsblock meißeln und außerdem eine Menge Goldkörner herstellen. Täglich wurden nun von seinen Leuten heimlich Goldkörner hinter der Kuh aufgehäuft und dazu die Meldung verbreitet, das seien die Kuhfladen dieses besonderen Tieres. Und zuletzt ließ der König auch noch das Gerücht streuen, die geheimnisvolle Kuh sei vom Himmel dazu bestimmt, in den Besitz des Fürsten seines Nachbarstaats zu gelangen.

Und wie es so üblich ist, verbreitete sich das Gerücht sehr schnell, so dass es auch der gierige Fürst bald hörte. Natürlich dachte dieser sofort daran, die kostbare Kuh in seinen Besitz zu bringen, und hatte auch schnell einen Plan, wie er die Steinkuh in seine Hauptstadt schaffen lassen konnte. So ließ er sein Volk Tag und Nacht schuften: Die Berge wurden durchbohrt und die Täler aufgefüllt, um einen praktischen Weg für die Kuh zu schaffen. Als alles fertig gebaut war, schickte er fünf starke Ritter, um ihm die Steinkuh zu holen.

Darauf hatte der kluge König nur gewartet. Seine Truppen folgten den fünf Rittern auf der neuen Straße nach und kamen so bis zur Hauptstadt, die sie im Nu eroberten. Der gierige Fürst verlor sein Leben und seine Untertanen dienten von da an ihrem neuen König.

## Fazit

Bedürfnisse lenken unser Tun im Leben. Starke Bedürfnisse drohen uns manchmal zu übermannen und machen anfällig für Täuschungen. Dabei kann die Gefahr entstehen, dass man einem scheinbaren Gewinn hinterher jagt und dabei blindlings die eigenen Trümpfe verspielt.

# Die Herrscher der Welt

Sicher kennen Sie den Namen „Sir Francis Drake".

„Das war doch der, der Kap Hoorn entdeckt hat", werden Sie sagen, oder: „Der hatte doch was mit Elisabeth I."

Aber Drake war auch ein genialer Stratege.

Es ist 1588. Der spanische König Philipp II. wartet auf eine gute Gelegenheit, England anzugreifen. Er will England schwächen, um seine Vorherrschaft auf den Weltmeeren zu sichern. Philipp hat größere und kampfstärkere Schiffe, mehr Geschütze, mehr im Zweikampf erprobte Männer; ein direkter Kampf ist deshalb nicht möglich. Dass er angreifen wird, ist sicher.

Soll er doch, meinten die Engländer, aber den richtigen Zeitpunkt will England bestimmen. Deshalb braucht England Zeit, Zeit um eine Strategie zu entwerfen, wie aus den eigenen Schwächen im Kampf gegen den Feind Stärken gemacht werden können, aus den Stärken des Feindes hingegen Schwächen im Kampf gegen England.

Zeit gewinnen – dazu ist Francis Drake bereits ein Jahr vorher nach Cádiz gesegelt, hat dort – im Gewässer des Feindes – 30 Schiffe vernichtet und damit den Aufbau der Spanischen Armada empfindlich gestört. Der englische Schiffbaumeister hat inzwischen neue, wendige Schiffe entwickelt und Schatzmeister der englischen Flotte ein neues Kampfkonzept.

Die schnellen Schiffe sollen den Feind aus der Distanz bekämpfen. Dafür braucht man andere Kanonen. Um die zu bauen, kauft man einen Experten ein, Adam Dreyling, der aus Venedig an den englischen Hof gebracht wird.

Dann ist die Zeit reif. Mit der Begründung, sie habe sich an einer Verschwörung gegen die Königliche Hoheit beteiligt, ordnet Elisabeth die Hinrichtung Maria Stuarts an, aus katholischer – und damit auch spanischer – Sicht der legitimen Anwärterin auf den englischen Thron. Philipp erklärt daraufhin England den Krieg.

Die Spanische Armada sticht in See, mit 130 Schiffen und 30.000 Mann Besatzung. Als sie den Ärmelkanal erreicht, melden die Wächter in den Signaltürmen ihr Herannahen. Sir Francis Drake erhält die Nachricht beim Bowling. Er lässt sich aber Zeit, denn er weiß, wie die Spanier zu schlagen sind. Keinesfalls dürfen sie das Land betreten, denn sie sind zu viele. Der Feind muss auf dem Meer und in der Ferne vernichtet werden.

Als die Nacht hereinbricht, laufen die englischen Schiffe Richtung Westen aus, ziehen im Schutz der Dunkelheit einen großen Bogen um die Spanier und tauchen im Morgengrauen in deren Rücken auf. In sicherem Abstand eröffnen sie das Feuer und treiben die Spanier durch den Kanal. Gegen die weit reichenden Geschütze sind die Spanier machtlos.

Vor der holländischen Küste holen die Engländer dann zum letzten, entscheidenden Schlag aus. Sie entzünden Brander und treiben die kleinen brennenden Boote auf die Spanier zu. Die Spanier wollen fliehen, zurück durch den Kanal, aber Stürme verhindern die Rückfahrt. Sie müssen um die Nordküste Schottlands und die Westküste Irlands segeln und erleiden dabei wegen heftiger Stürme weitere Verluste.

Dieser Sieg bedeutet den Beginn von Englands Aufstieg zur Weltmacht. Der Weg nach Amerika und Indien ist frei, das Britische Empire ist geboren.

Für Spanien war er das Ende der Vormachtstellung auf den Weltmeeren.

## Fazit

Eine Strategie zu entwerfen heißt, sich Zeit zu nehmen und der jeweiligen Situation anzupassen. Dazu ist es notwendig, die Situation zu analysieren, kreativ nach Lösungen zu suchen

und neue Wege zu erproben. Wesentlich dabei ist, vorauszu-
denken und mögliche Risiken abzuschätzen.

Die Geschichte kann eine gute Lehrmeisterin für alle Strate-
gen sein.

# Respekt, Respekt

Kundenkontakt, Nachtelefonat, Terminabsprache, Terminbestätigung, Tag des Termins.

Ich betrat das Vorzimmer des Geschäftsführers und wurde nach kurzer Wartezeit in die heiligen Hallen der Firma gebeten. Freundliche Begrüßung, Klärung der Getränkefrage, Abschluss der Platzwahl. Das Gespräch konnte beginnen. Wir kamen gut voran. Schnell stellte sich heraus, dass es gar nicht mehr um das ob ging, sondern um das wie. Plötzlich klingelte das Telefon. Der Geschäftsführer nahm ab, klärte kurz ein paar Dinge und wandte sich dann wieder zu mir. Eine reichliche Viertelstunde verging, dann klingelte es wieder. Diesmal sah der Hausherr die Chance gekommen, mir seine Position zu demonstrieren. Unser Gespräch hatte sich an einigen Punkten festgefahren. Und so nutzte er die willkommene Gelegenheit der Unterbrechung, mich eine Weile schmoren zu lassen. Zwischendurch signalisierte er mir immer mal ein „leider" und ein Achselzucken, aber das wirkte nicht sehr überzeugend. Na, dachte ich – warten wir es ab. Das Telefonat war nach ca. 20 Minuten zu Ende. Wir setzten unser Gespräch fort, zu meiner Überraschung moderater als ich vermutet hatte. Doch nach weiteren 15 Minuten klingelte wieder das Telefon. Als mein Gegenüber abnahm, kam mir eine spontane Eingebung, was ich tun könnte. Ruhig stand ich auf und verließ die heilige Halle. Im Rücken spürte ich die Blicke meines verdutzten Gesprächspartners, der am Telefonhörer gefesselt war. Im Vorzimmer fragte ich seine Sekretärin, was ich tun müsse, um nach Beendigung des laufenden Telefongesprächs mit ihm verbunden zu werden. Etwas verwundert zeigte sie es mir und plötzlich sah ich den Hauch eines Lächelns in ihren Augen. Sie hatte verstanden, was ich vorhatte.

Das Gespräch war zu Ende und ich tat das, was mir soeben technisch erklärt worden war. Die Sekretärin beobachtete mich und lauschte gespannt.

Der Hausherr nahm den Anruf an und fragte, nachdem er erkannte hatte, dass ich am anderen Ende der Leitung war, wo ich denn plötzlich sei? Ich erklärte ihm kurz, dass ich gelernt hatte, was die beste Möglichkeit sei, unser Gespräch ungestört weiterzuführen. Totenstille am anderen Ende. Was passierte jetzt wohl? Die Antwort war kurz: „OK, kommen Sie rein. Ich habe es verstanden."

Seitdem gibt es zu Anfang unserer Gespräche eine klare Order: „Nur wenn die Bude brennt!" Danke, Frau Kowalski, für die technische Einweisung am Telefon.

## Fazit

Gegenseitige Wertschätzung hebt das Niveau der Zusammenarbeit. Eine Autorität ist man nicht von sich aus und Respekt kann man nicht einklagen, beides kann erarbeitet und erworben werden, beides wird verliehen, vielleicht auch nur auf Zeit. Aufmerksamkeit ist eine Wechselwirkung.

# Schmutziges Geld

Es war einmal ein alter Mann. Der ging tagtäglich in einem Park spazieren. Eines Tages traf er dort auf drei Jungen, die Spaß daran hatten, ihn mit Schmutz zu bewerfen. Der alte Mann bat die Jungen, dies sein zu lassen – ohne Erfolg. Er schimpfte mit ihnen – ohne Erfolg. Dann lief er schleunigst nach Hause.

Am nächsten Tag schlenderte er wieder durch den Park. Dort traf er abermals die drei Jungs, die ihn mit Schmutz bewarfen, ohne auf sein Bitten und Schimpfen zu hören. Tags darauf das gleiche „Spiel". Am vierten Tag bewarfen ihn die drei erneut. Er rief die Jungen zu sich. Zögernd kamen sie zu ihm. Er bot jedem von ihnen einen Euro an, wenn sie ihn am nächsten Tag wieder bewerfen würden. Ungläubig schauten sie ihn an, trafen aber dennoch eine entsprechende Vereinbarung.

Als der Alte wieder durch den Park spazierte, wurde er natürlich wieder beworfen. Er rief die Jungs zu sich und gab ihnen je einen Euro. Und er traf mit ihnen eine neue Vereinbarung, dass beim nächsten Mal jeder von ihnen fünfzig Cent für das Bewerfen mit Schmutz erhalten würde. Die drei stimmten zu und verschwanden staunend.

Am nächsten Tag wurde er wieder beworfen, rief die Jungs zu sich, gab ihnen die vereinbarten fünfzig Cent und schlug eine neue Vereinbarung über je fünfundzwanzig Cent vor. Die Jungs willigten wiederum ein.

Als das gleiche Spiel am darauf folgenden Tag stattfand und der Alte jedem von ihnen zehn Cent vorschlug, antworteten die Jungs: „Hey Alter, glaubst Du wirklich, dass wir uns für so wenig Geld die Hände schmutzig machen? Kannste vergessen!" Er ging nach Hause und ward nie wieder beworfen.

## Fazit

Immer die gleiche Intervention muss nicht den Erfolg garantieren. Ungewöhnliche Wege bescheren häufig bessere Lösungen.

# Nur nicht durchdrehen

Nein, es war kein gewöhnliches Auto. Eins mit einer Auszeichnung. Es trug einen Stern. Und darauf war es mächtig stolz. Noch stolzer aber war der Besitzer des Autos.

Wie alle Autos hatte auch dieses vier Räder mit Reifen. Mit hoher Drehzahl flitzten sie über den Asphalt. Im Terminkalender ihres Herrn stand: Neun Uhr – Verwaltungsratssitzung.

Etwas zu schnell bog der besternte Wagen in die Parklücke ein. Die Reifen quietschten. Es war das Zeichen, dass sie es wieder einmal geschafft hatten.

Nun standen sie in gewohntem Abstand auf dem Parkplatz.

Der Reifen „Links-vorne" stöhnte: „Ich bin so richtig auf den Felgen!", was zum Glück auch stimmte.

„Ach", klagte „Rechts-vorne", „das ist doch kein Leben. Immer unter Druck stehen. Wer hält das schon auf die Dauer aus!"

„Und" – fiel „Links-hinten" in die Klage ein, „man muss sich jeden Dreck gefallen lassen."

Da meldete sich auch „Rechts-hinten" zu Wort: „Ihr seht jetzt nur das Negative. Aber bedenkt doch: Schließlich haben wir Profil – was viele andere nicht mehr haben."

In die Stille hinein piepste es aus dem Kofferraum: „Und ihr werdet wenigstens gebraucht!" Es war das Ersatzrad.

## Fazit

Jeder hat seine Bestimmung, seine wichtige Bedeutung, gerade wenn es um Teamleistungen geht. Unterschiedliche Stärken ergänzen sich optimal. Im Team sind wir unschlagbar, wenn es um das Ganze geht, sind alle wichtig. Jeder ergänzt das Team, ist ein wertvoller Teil des Ganzen.

# Der unmusikalische Flötenspieler

Zur Zeit des Königs lebte ein Taugenichts, der sich nach einem Leben in Saus und Braus sehnte. Der erfuhr eines Tages, dass in dem großen Hoforchester des Königs ein Flötenspieler gesucht wurde. Wie jeder im Lande wusste auch der Taugenichts nur zu gut, dass der König in seinen Geschäften nachlässig verfuhr.

So lieh er sich kurz entschlossen so viel Geld wie er bekommen konnte, bestach den Dirigenten des königlichen Orchesters und war ab sofort daselbst Flötist.

Von nun an feierte er Tag und Nacht im königlichen Palast und ließ es sich gut gehen. Dass er nicht die geringste Ahnung davon hatte, wie man der Flöte Töne entlockte, störte nicht. Er hielt sie sich einfach an den Mund, ohne zu blasen, im Gesamtklang des Orchesters kam es darauf nicht an.

Endlich starb aber der König, und sein Sohn bestieg den Thron. Er war von anderem Holz geschnitzt als sein Vater und unterzog alles einer genauen Prüfung.

Schließlich machte der junge König auch beim Hoforchester Visite. Er setzte sich in die erste Reihe, der Dirigent erhob den Taktstock. „Halt ein!", sagte er lächelnd und fragte weiter: „Wie viele Musiker hat mein Orchester?" „180, mein Herr." – „Gut, dann möge jeder der 180 mir ein kurzes Solo vorspielen."

Der Flötenspieler wartete nicht, bis er an der Reihe war. Er warf die Flöte beiseite, raffte seine Gewänder und floh vom Hof, ja aus dem Staat, so schnell er konnte.

## Fazit

Im Team können sich Leute mit mangelnden Fähigkeiten verstecken. Früher oder später werden solche Mängel aufge-

deckt. Für Teamleiter ist es förderlich, immer wieder die Aufgaben gemeinsam mit den Mitarbeitern zu prüfen oder seine
Mitarbeiter auch einmal zu testen.

# Der Stunt

Vera war mehr vierzig als dreißig Jahre alt und hatte ein paar Pfunde zuviel auf den Rippen, als sie mit ihrem kleinen Kind in der Stadt bummelte. Das Kind war erst zwei, daher trug sie es auf ihren Armen vor sich und zwar so, dass es auf einer ihrer Hüften saß. Das Kind hatte müde die Arme um ihren Hals geschlungen und kuschelte sich an.

Wie sie so einträchtig des Weges gingen, blockierte aber das Kinderköpfchen Veras Sicht ein wenig, und als sie sich dem Münster näherte, zu dem der gepflasterte Boden kreisförmig abfiel, sah sie die flachen Steinstufen nicht, die den Boden durchbrachen. Noch ein Schritt, dann hatte sie den Halt verloren und stürzte geradewegs nach vorne. Mit den Armen abfangen konnte sie sich nicht, dazu hätte sie das Kind loslassen müssen.

Wie in Zeitraffer sah sie die Pflastersteine auf das Hinterköpfchen ihres Kindes zurasen und sich selbst mit ihrem ganzen Gewicht zusätzlich das Kind einquetschen.

Dieser Ausgang der Dinge war absolut inakzeptabel. Noch im Sturz drehte sie sich um ihre Achse und riss das Kind hoch. Sie landete weich abrollend auf ihrer Schulter, das Kind schwebte an ihren ausgestreckten Armen hoch über ihr und lachte vergnügt.

Studenten, die aus der nahen Uni vorübergingen, klatschten Beifall. Stimmen wurden laut, so einen Stunt habe man im echten Leben, jenseits von James Bond, noch nie gesehen.

Vera war high vom Adrenalin und von der Freude, ihr Kind unversehrt zu sehen. Sie war sich aber auch hundertprozentig sicher, dass sie, ohne ihr Kind auf dem Arm, bei diesem Sturz nur ganz banal auf die Nase gefallen wäre.

## Fazit

Manchmal muss nur die richtige Motivation kommen, dann entdeckt der Mensch Dinge, die er nie für möglich hielt. Und: Wer sich für andere Menschen verantwortlich fühlt, der kann oft mehr leisten, als wenn er nur für sich selbst agieren müsste.

# Wie kommt der Apfel zum Scheich?

Vor einigen Jahren kam dem Vertrieb eines namhaften deutschen Apfelherstellers zu Ohren, dass ein Herrscher aus dem arabischen Raum für sein Volk Äpfel beschaffen wollte. Geplant war, große wohlschmeckende Äpfel mit roter Farbe zu kaufen, die dem gesamten Land schmecken sollten. Nach Erhalt dieser Informationen begann das Vertriebsteam des Apfellieferanten nun die Werbetrommel zu rühren und den Kunden tatkräftig zu umsorgen. Unglücklicherweise taten die Kollegen der anderen Apfelversorger das gleiche und so hatte keiner der potenziellen Lieferanten einen echten Vorsprung.

In dieser Situation entschloss sich der Kunde, die Apfelversorgung für sein Volk auszuschreiben. Alle großen Apfelproduzenten beteiligten sich mit ihren Angeboten. Die Auswertung aller Offerten durch den Kunden ergab für unseren Hersteller einen kleinen Vorsprung, da seine Äpfel die beste Farbe hatten, und so wurden seine Vertriebsmitarbeiter zu Vertragsverhandlungen eingeladen. Man traf sich in einem großen Hotel, um über die Details des Vertrages zu sprechen. Der Reihe nach wurden alle Einzelheiten besprochen, vom Liefertermin über Größe und Farbe bis hin zum Geschmack. Sogar über die Art und Anzahl der Aufkleber pro Apfelkiste wurde geredet.

Als besonders schwierig erwiesen sich die Preisverhandlungen. Immer wenn es schien als sei eine Einigung greifbar nahe, lag das Fax eines anderen Lieferanten auf dem Tisch und versprach einen größeren Preisnachlass. Irgendwann bot dann die Konkurrenz an, das Land für einen irrsinnig geringen Preis mit Äpfeln zu versorgen. Dieses Angebot war kaum zu unterbieten und so einigten sich die beiden Parteien auf eine Beratungspause.

Nein, eine weitere Preisreduktion kam für unsere wackeren Vertriebsleute nicht in Frage. Wie sollte es nun weitergehen? Weitere Zugeständnisse bei Größe, Farbe und Lieferung schieden ebenfalls aus. Aber einfach so aufgeben? Doch dann kam einer auf die entscheidende Idee.

Als nun die Verhandlungsparteien wieder am Tisch saßen, fragte der Landesfürst: „Und was bieten Sie uns an?" Die Antwort des Lieferanten kam prompt – nach einer kurzen Zusammenfassung der Vorzüge seiner Äpfel stellte er die Gegenfrage: „Sagen Sie mal, Sie sind doch hier der Scheich?" „Ja, natürlich." „Haben Sie es dann nötig, sich von jemandem Ihre Äpfel schenken zu lassen?" Mit den Worten „natürlich nicht" wurde die Behauptung zurückgewiesen und der Vertrag unterschrieben.

PS: Oder sollten am Ende die Äpfel doch etwas ganz anderes gewesen sein?

## Fazit

Viele (wenn nicht alle) Entscheidungen haben mit Fakten nur wenig zu tun.

Auch wenn die Situation manchmal aussichtslos erscheint, gibt es fast immer noch eine Alternative. Suchen Sie diese außerhalb Ihrer üblichen Lösungswege und geben Sie nicht auf.

# Ausgeleuchtet

Vor einigen Jahren begleitete ich bei einem Vertriebscoaching den Mitarbeiter einer auf Beleuchtungseinrichtungen spezialisierten Firma. Einer seiner Kunden, ein Architekt, war ein wahrer Kunstfreund und verfügte über eine beachtliche Bildersammlung. In seinen wunderschönen Räumen hatte er die Bilder effektvoll platziert und nun hatte er den Außendienstmitarbeiter zu einem Besuch eingeladen, da er die Ausleuchtung der Bilder verbessern wollte – unauffällig, aber wirkungsvoll.

Der Architekt erzählte zuerst, wie er auf die Firma des Außendienstmitarbeiters gestoßen sei. Bei einer Ausstellung in Graz war ihm die ausgezeichnete Ausleuchtung der Bilder aufgefallen. Schnell verständigten sich die beiden auf ein gutes und teures Konzept – es sollte alles so sein wie in Graz – und das ganze Gespräch schien weniger in die Richtung aktiven Verkaufens zu gehen als darum, sich über die exakte Leistung zu verständigen und diese dann auch bezahlt zu bekommen.

Doch dann, in der Abschlussphase, kam doch noch, was viele Verkäufer so fürchten: die Diskussion über den Preis. Offensichtlich war dem Architekten aufgefallen, dass er mit seiner bisherigen Strategie den vollen Preis zahlen würde. Also deutete er in Richtung seiner bisherigen Beleuchtungsinstallation und fragte: „Und was machen wir damit? Die ist doch so gut wie neu."

Der Außendienstmitarbeiter schwieg einen Augenblick. Dann meinte er völlig ernsthaft: „Die essen wir dann auf."

Dieser Satz kam so überraschend, dass wir alle gemeinsam begannen zu lachen.

Am Ende einigten sich die beiden darauf, dass die alte Anlage ohne Entsorgungskosten abgebaut würde. Ein weiteres

Preiszugeständnis musste der Verkäufer dem Kunden nicht machen.

## Fazit

Humor eignet sich, um schwierige Situationen zu entschärfen.

Im Vertrieb ist es hilfreich, die Situation mit Humor zu nehmen und insbesondere in Preisgesprächen gelassen zu bleiben und so zu agieren, als ob man nicht verkaufen müsse.

In Gesprächssituationen muss bis zuletzt mit überraschenden Wendungen gerechnet werden.

# Hot Pot

In der chinesischen Stadt Changchun gibt es ein beliebtes Restaurant, in dem man Hot Pot, ein chinesisches Suppenfondue, essen kann. Wir hatten für 19 Uhr Plätze für 33 Personen bestellt und waren sehr erleichtert, dass dies noch möglich war, denn das Restaurant ist stets gut besucht.

Als die ersten aus unserer Gruppe eintrafen, wurden sie an einen großen ovalen Tisch geführt, der von 12 hübschen Sesseln umstanden war. Sobald die Kellner feststellten, dass wir wirklich so zahlreich erscheinen würden wie angekündigt, begannen sie, diese bequemen Sessel durch winzige Hocker ohne Lehne zu ersetzen. 21 davon passten dicht an dicht um den Tisch, während die 33 Reisschalen auf Tellern so gerade eben nebeneinander auf dem Rand des Tisches Platz fanden.

Nach und nach erschienen immer mehr Kollegen und reihten sich ein in die Gruppe der ratlos Herumstehenden. Erste Mutmaßungen kamen, wo denn der Fehler gelegen haben könne.

Schließlich fand einer die Lösung: „Wir haben relativ spät bestellt, als nur noch dieser Tisch hier frei war. Der Restaurantbesitzer hätte uns absagen können und darauf hoffen, den Tisch später noch an eine andere Gruppe zu verkaufen. Er konnte aber auch die Chance beim Schopf packen. Wenn er absagt, kommen wir definitiv nicht. Da er zugesagt hat, gibt es etwa eine Chance von fünfzig zu fünfzig, dass wir bleiben. Schließlich haben wir kaum eine Alternative in dieser Stadt. Und wenn wir lange genug hier herumstehen, gibt es vielleicht wirklich eine Lösung."

Genau so geschah es. Im nächsten Schritt wurden wir motiviert, mit etwas Abstand zum Tisch zu sitzen und so den Radius zu vergrößern. 27 Personen fanden nun Platz. Und für die restlichen 6 wurde ein Tisch hinzugezogen und in den Gang gestellt, an dem bis zu diesem Moment noch zwei chinesische Paare gespeist hatten. Obwohl uns die Zeit des Wartens endlos lang erschienen war, waren nur zwanzig Minuten vergangen, seit die ersten von uns das Restaurant betreten hatten.

Der Rest war ein Kinderspiel. Das Essen war hervorragend, kam reichlich und schnell, dazu gab es angenehme Getränke und stets gut gelaunte, freundliche und flinke Kellner und Kellnerinnen. Wir alle genossen das Gelage – und sogar das Gedränge.

## Fazit

Manchmal lohnt sich beim Verkaufen Mut zum Risiko. Um erfolgreich zu verkaufen, müssen nicht alle Tatsachen sofort auf den Tisch. Aber die Tatsachen, die genannt werden, sollten hieb- und stichfest sein. Wer zu früh all seine Trümpfe ausspielt, kann daneben schlagen.

Wer weiß, welche Leistungsmerkmale einem Kunden besonders wichtig sind, der kommt mit ihm ins Geschäft, auch ohne den gesamten Wunschkatalog perfekt bedienen zu können. Entscheidend ist, dort Spitzenleistung zu bieten, wo der Kunde seine Prioritäten setzt.

# Kartoffelchips

Urlaub macht hungrig. Das gilt insbesondere, wenn man auf der Suche nach einem guten Restaurant ist und die Kinder schon lange nichts mehr gegessen haben. Dann gibt es nur zwei Möglichkeiten: Die Kinder zum Durchhalten animieren oder die kleine Mahlzeit für zwischendurch.

Stressfreier ist ohne Zweifel die zweite Möglichkeit. So dachte ich auch in einem italienischen Bergdorf und versprach den drei Kindern eine Tüte Chips. Alle drei Kinder betraten gemeinsam mit mir den Laden und begutachteten den Inhalt des Regals. Nun gab es fünf Sorten zur Auswahl, darunter „Classica" und „Vivace".

Das erste Kind meinte: „Kaufen wir Classica!"

Das zweite und dritte Kind waren ganz anderer Meinung: „Vivace schmecken prima!"

Doch die Vivace-Packung war mit einer schönen, roten Peperoni verziert.

„Vielleicht sind Vivace ja zu scharf", sagte das erste Kind.

Die anderen Kinder widersprachen, denn sie kannten die Sorte schon.

„Nehmen wir Classica, da weiß man, was man hat", entgegnete es resolut.

Nun wollte ich mich einmischen, um der Mehrheit zu ihrem Recht zu verhelfen: „Nehmen wir doch Vivace, die sind überhaupt nicht scharf, obwohl eine Peperoni auf der Packung abgebildet ist!"

Doch das half nicht weiter: „Nehmen wir Classica, da weiß man, was man hat!"

Es half also nur ein Trick, denn ich wollte keine zwei geöffneten Chipstüten und damit drei Kinder, deren Sättezustand bis nach dem Abendessen anhalten würde. Also meinte ich:

„Gut, wir nehmen beide Sorten, aber wir machen zuerst die Vivace-Packung auf." Und an das erste Kind gerichtet, ergänzte ich: „Und wenn dir diese Sorte nicht schmeckt, dann kannst du dir die andere Packung aufmachen. Ist das für dich o.k.?" Antwort war ein resignierendes Nicken.

Es wird Sie nicht wundern: Dem ersten Kind schmeckten Vivace genauso gut wie den beiden anderen!

## Fazit

Bei Diskussionen und Meinungsverschiedenheiten wird häufig sehr schnell resigniert und die erstbeste Lösung übernommen. Dies stärkt das Bild von Gewinnern und Verlierern.

Um Blockaden zu vermeiden, ist es förderlich, nach weiteren, vor allem auch kreativen Lösungen zu suchen. Und diese den Gesprächspartnern schmackhaft und wertschätzend anzubieten.

# Der Dieb

In einem Dorf an den Hängen des Ararat ertappte man einen jungen Mann beim Stehlen. Da man ihn aufgrund seiner Jugend und Unerfahrenheit nicht so schwer bestrafen wollte, wie es in solchen Fällen üblich war, brachte man ihn zu einem weisen Mann, den man oft befragte, wenn man über die Geschicke des Ortes zu entscheiden hatte. Der Weise sollte dem Jungen zeigen, wie schrecklich es einem Dieb ergehen kann, und ihn so auf Dauer vom verachtenswürdigen Werk des Stehlens abbringen.

Der Weise tat so, als wüsste er gar nicht, warum man den Jungen zu ihm gebracht hatte. Er unterhielt sich mit ihm solange, bis er dessen Vertrauen gewonnen hatte. Dann stellte er eine Forderung: Der Junge sollte ihm versprechen, immer wahrhaftig zu sein.

Der Junge war beruhigt, dass er ohne eine Strafe davongekommen war, und er ging gut gelaunt und ohne Angst nach Hause.

Doch nur wenige Tage später, mitten in der Nacht, überfiel ihn wieder der Wunsch, zu stehlen. Er schlich sich hinaus auf die dunkle Gasse, und als er sich gerade entschieden hatte, welches Haus und welcher Garten sich wohl gut für seine Absicht eignete, dachte er an das Versprechen, dass er dem weisen Mann gegeben hatte: „Was sage ich denn, wenn mich nun jemand fragt, was ich um diese Zeit auf der Straße treibe? Dann müsste ich wohl sagen, wo ich hin möchte oder dass ich etwas stehlen will? Und wenn mich später jemand fragt, ob ich denn wieder etwas gestohlen habe? Dann muss ich wohl die Wahrheit sagen und muss dafür büßen. So leicht komme ich nicht noch einmal davon."

Noch öfter überkam ihn die alte Gewohnheit und er schickte sich an, etwas zu stehlen. Aber immer wieder hielt er ein und ging schweren Herzens nach Hause. Doch irgendwann siegte die Weisheit des Alten: Die Begierde kam nicht wieder. Der junge Mann wurde ein ehrlicher und wohlangesehener Bewohner seines Dorfes.

## Fazit

Strafe hilft oft weniger als die Methode, Menschen an ihrer Ehre zu packen.

Menschen, denen andere vertrauen, können gute Vorbilder sein.

# Der Schamane

Eine Mutter brachte ihren kleinen Sohn zum Schamanen ihres Stammes, der fast eine Tagesreise entfernt in einem anderen Dorf lebte. „Weiser Schamane", sprach die Frau. „Mein Sohn isst ständig Zucker. Ich weiß nicht mehr, was ich tun soll. Bitte", flehte sie. „Sage meinem Sohn, dass er aufhören soll, Zucker zu essen." Er besann sich eine Weile und sagte dann: „Gute Frau, bitte geh' nach Hause und komme in zwölf Tagen mit deinem Sohn wieder zu mir."

Die Frau war verwirrt. Trotzdem bedankte sie sich und sagte, sie würden in zwölf Tagen wieder erscheinen.

Genau nach zwölf Tagen kamen die beiden wieder. Der Schamane schaute dem Kleinen tief in die Augen und sagte zu ihm: „Hör auf, Zucker zu essen."

Verwundert, ja fast ärgerlich, denn es war schließlich ein weiter Weg zu ihm gewesen, fragte die Frau den Schamanen: „Warum sollte ich zwölf Tage warten und den ganzen Weg zu dir noch einmal machen? Damals hättest du ihm doch dasselbe sagen können."

„Vor zwei Wochen", antwortete der Schamane, „habe ich selbst noch Zucker gegessen."

## Fazit

Es ist nicht sicher, ob der Satz des Schamanen geholfen hat. Wir vermuten allerdings, dass dem so war. Denn als geistiges Oberhaupt seines Stammes verfügte er über die Einsicht und Bereitschaft, als authentisches Vorbild handeln zu müssen, um überzeugen zu können.

Was wir lehren, müssen wir auch verkörpern. Denn überzeugend lehren können wir nur das, was wir selbst verkörpern.

# Der entgleiste Nachbar

Stellen Sie sich folgende Situation vor – Sie ziehen um. Sie haben alles gepackt – Sie sind auf dem Weg ins neue Haus. Und eben, als Sie wieder eine Kiste im Haus abgestellt haben und wieder auf dem Weg zum Umzugsauto sind, trifft Sie ein Blick des Nachbarn. Bei ihm, genau zwei Häuser weiter, findet ebenfalls ein Umzug statt. War der Blick nun unfreundlich oder arrogant? Ja, arrogant war er, keine Frage. Das kann ja was werden. Schon wieder so ein borstiger Nachbar wie bei der alten Wohnung.

Eines Tages, gar nicht lange nach dem Umzug, steckt ein blauer Zettel vom Paketdienst im Briefkasten. Text: „Wir konnten Ihnen das Paket nicht persönlich aushändigen. Der Nachbar zwei Häuser weiter war so nett, für Sie das Paket abzunehmen."

Zwei Häuser weiter? Oh je, das ist doch der Griesgram von neulich. Der mit dem unfreundlichen Blick.

Was mag da drin sein? Wer hat was bestellt?

Da gehen Sie doch auf keinen Fall hin. Sie warten auf Ihre Frau, die hat den Typen nicht gesehen. Sie wird das schon machen.

Doch die Neugier auf das Paket steigt und siegt am Ende. Sie raffen sich auf, mit dem Zettel in der Hand.

Wie war das mit dem Nachbarn und dem Hammer?

„Behalten Sie den Hammer – Sie Rüpel", so Watzlawick. Nein, das Paket wollen Sie ja haben. Also betätigen Sie die Klingel. Und hoffen, dass nicht ER öffnet, sondern ein anderes Familienmitglied. Doch es kommt, wie es kommen muss. Er öffnet selbst. Sie sind verwirrt.

Er lächelt Sie an und Sie hören ihn sagen: „Das ist aber schön, schließlich wird es Zeit, dass wir uns kennen lernen, nachdem ja nun jeder in seinen neuen vier Wänden heimisch geworden ist." Sie wundern sich und lassen sich dann doch von der ganz anderen Art der Begrüßung anstecken. Sie nehmen das Paket entgegen, bedanken sich und schlendern zurück in die eigenen vier Wände. Noch völlig irritiert von der unerwarteten Wende.

14 Tage später, beim ersten gemeinsamen Grillen, erfahren Sie dann den Grund für den unfreundlichen Blick. Beim Auspacken war die Kiste mit der Modelleisenbahn aufgegangen und das kostbare Gut im Raum verstreut. Alle waren schuld – obwohl der Nachbar sie selbst gepackt hatte!

## Fazit

Fragen geht vor vermuten. Gehen Sie auf die Leute zu!

Bewerten Sie Situationen, Vorgänge, persönliche Betroffenheiten nicht über. Oft spielen sie kaum eine Rolle.

Nicht alles, was um uns herum passiert, hat mit uns selbst zu tun. Unsere Vorurteile beeinflussen nachhaltig unser Denken und Handeln.

# In Singapur

Es war am Anfang des letzten Jahrhunderts. Ein Forscherteam entdeckt auf Papua-Neuguinea einen bis dato unbekannten Stamm.

Zu Beginn beobachten die Forscher die Eingeborenen und stellen fest, dass diese ein recht friedfertiges Volk sind, welches jedoch noch in der Steinzeit lebt. Der Häuptling erweist sich als freundlich, neugierig und durchaus intelligent. Und so beschließt man, Kontakt mit den Eingeborenen aufzunehmen. Man verständigt sich zwar mehr schlecht als recht, baut aber dennoch langsam Vertrauen zueinander auf. Die Forscher sind sich der wissenschaftlichen Tragweite ihrer Entdeckung bewusst und schlagen dem Häuptling ein Experiment vor.

So kommt es, dass dieser – recht unvoreingenommen – die Gelegenheit bekommt, in eine für ihn unbekannte Welt zu reisen. Gemeinsam mit den Forschern reist er nach Singapur und lernt während des Aufenthaltes die „neue" Welt kennen. Innerhalb eines Tages bekommt er alles gezeigt, was Singapur zu dieser Zeit zu bieten hatte. Damals alltäglich und Stand der Technik waren der Überseehafen mit den großen Ozeandampfern, mehrstöckige Häuser, Straßen mit Verkehr, Fahrräder, Autos, Kutschen, Menschen, die Kleider tragen, Geld als Zahlungsmittel, der Markt als Handelsplatz, Kulturzentren usw. Die Menschen benutzen Messer und Gabel zum Essen, tragen Brillen als Sehhilfe und leiden schon unter Stress.

Der Häuptling schaut sich alles mit ausdrucksloser Miene an und es ist nicht klar, ob es Desinteresse oder Staunen ist.

Am nächsten Tag geht es dann zurück zu seinem Stamm, voll beladen mit den Eindrücken aus einer anderen Welt. Was die Forscher nun in dem Experiment vorsahen und geplant hatten, war, zu verfolgen, was der Häuptling seinem Stamm von seiner Reise berichten würde.

So gespannt wie die Forscher waren, so enttäuscht waren sie auch. Mussten sie doch feststellen, dass nur ein einziges Detail die Aufmerksamkeit des Häuptlings fesselte und alle anderen Neuigkeiten in seiner Welt kein Verständnis fanden und deshalb einfach ausgeblendet wurden. Aufgeregt berichtete er seinen Stammesmitgliedern, dass es in der anderen Welt eine Möglichkeit gibt, noch mehr Sachen, zum Beispiel Bananen, auf dem Kopf zu tragen, als sie es gewohnt waren.

## Fazit

Wie ist das Ergebnis des Experiments zu interpretieren? Der Häuptling hat die Sachen, die er sich nicht erklären konnte, einfach ausgeblendet bzw. als uninteressant eingestuft. Leider war es das meiste. Für einen Hafen oder ein Schiff hätte er vermutlich nicht einmal Worte gefunden, um sie verständlich zu beschreiben.

Die Erfahrung und das Vorwissen prägen die Sicht auf die Dinge. Nur Sachen, die wir verstehen, werden aufgenommen. So kommt es, dass wir Dinge leicht übersehen oder nicht sehen wollen. Es kommt jedoch darauf an, die Sensoren stets wach zu halten und aufmerksam zu bleiben.

# Was von uns bleibt

Eines Tages bat eine Lehrerin ihre Schüler, die Namen aller anderen Schüler in der Klasse auf ein Blatt Papier zu schreiben und ein wenig Platz neben den Namen zu lassen. Dann sagte sie zu den Schülern, sie sollten überlegen, was das Netteste ist, das sie über jeden ihrer Klassenkameraden sagen können, und das sollten sie neben die Namen schreiben. Es dauerte die ganze Stunde, bis jeder fertig war, und bevor sie den Klassenraum verließen, gaben sie ihre Blätter der Lehrerin.

Am Wochenende schrieb die Lehrerin jeden Schülernamen auf ein Blatt Papier und daneben die Liste der netten Bemerkungen, die ihre Mitschüler über den einzelnen aufgeschrieben hatten.

Am Montag gab sie jedem Schüler seine oder ihre Liste. Schon nach kurzer Zeit lächelten alle. „Wirklich?", hörte man flüstern. „Ich wusste gar nicht, dass ich irgendjemandem was bedeute!" und „Ich wusste nicht, dass mich andere so mögen!", waren die Kommentare.

Niemand erwähnte danach die Listen wieder. Die Lehrerin wusste nicht, ob die Schüler sie untereinander oder mit ihren Eltern diskutiert hatten, aber das machte nichts aus. Die Übung hatte ihren Zweck erfüllt. Die Schüler waren glücklich mit sich und mit den anderen.

Einige Jahre später war einer der Schüler in Vietnam gefallen und die Lehrerin ging zum Begräbnis dieses Schülers. Die Kirche war überfüllt mit vielen Freunden. Einer nach dem anderen, der den jungen Mann geliebt oder gekannt hatte, ging am Sarg vorbei und erwies ihm die letzte Ehre. Die Lehrerin ging als letzte und betete vor dem Sarg. Als sie dort stand, sagte einer der Soldaten, die den Sarg trugen, zu ihr: „Waren Sie Marks Mathe-Lehrerin?" Sie nickte: „Ja." Dann sagte er:

„Mark hat sehr oft von Ihnen gesprochen." Nach dem Begräbnis waren die meisten von Marks früheren Schulfreunden versammelt. Marks Eltern waren auch da und sie warteten offenbar sehnsüchtig darauf, mit der Lehrerin zu sprechen. „Wir wollen Ihnen etwas zeigen", sagte der Vater und zog eine Geldbörse aus seiner Tasche.

„Das wurde gefunden, als Mark gefallen ist. Wir dachten, Sie würden es erkennen." Aus der Geldbörse zog er ein stark abgenutztes Blatt, das offensichtlich zusammengeklebt, viele Male gefaltet und auseinandergefaltet worden war. Die Lehrerin wusste ohne hinzusehen, dass dies eines der Blätter war, auf denen die netten Dinge standen, die seine Klassenkameraden über Mark geschrieben hatten. „Wir möchten Ihnen so sehr dafür danken, dass Sie das gemacht haben", sagte Marks Mutter. „Wie Sie sehen können, hat Mark das sehr geschätzt."

Alle früheren Schüler versammelten sich um die Lehrerin. Charlie lächelte ein bisschen und sagte: „Ich habe meine Liste auch noch. Sie ist in der obersten Schublade in meinem Schreibtisch." Chucks Frau sagte: „Chuck bat mich, die Liste in unser Hochzeitsalbum zu kleben." „Ich habe meine auch noch", sagte Marilyn. „Sie ist in meinem Tagebuch." Dann griff Vicki, eine andere Mitschülerin, in ihren Taschenkalender und zeigte ihre abgegriffene und ausgefranste Liste den anderen. „Ich trage sie immer bei mir", sagte Vicki und meinte dann: „Ich glaube, wir haben alle die Listen aufbewahrt."

Die Lehrerin war so gerührt, dass sie sich setzen musste und weinte. Sie weinte um Mark und für alle seine Freunde, die ihn nie mehr sehen würden.

## Fazit

Im Zusammenleben mit unseren Mitmenschen vergessen wir oft, dass jedes Leben eines Tages endet und dass wir nicht wissen, wann dieser Tag sein wird. Deshalb sollte man den Menschen, die man liebt und um die man sich sorgt, sagen, dass sie etwas Besonderes und Wichtiges sind. Das gilt gleichermaßen für den beruflichen Bereich. Es ist bekannt und unbestritten, dass Menschen über Lob und Anerkennung motivierbar sind. Auch die Lernfähigkeit und die Fehlerquote lassen sich durch Lob und Anerkennung effektiver beeinflussen als durch Kritik.

Dem, der es probiert, gibt der Erfolg Recht.

# Der Krug und die Steine

Ein alter Gelehrter sollte vor wichtigen und sehr beschäftigten Managern einen Vortrag halten zum Thema: „Wie verwalte ich am besten meine Zeit?" Er hatte nur eine Stunde zur Verfügung, um sein Wissen weiterzugeben. Als alle saßen, holte er einen steinernen Krug hervor, der etwa fünf Liter fasste, und stellte ihn zusammen mit einem Korb großer Steine auf den Tisch. Ohne etwas zu sagen, nahm er Stein um Stein und legte ihn behutsam in den Krug, bis er zum Rand gefüllt war.

Dann sah er die Manager an und fragte: „Ist der Krug jetzt voll?"

Alle antworteten mit ja.

Der Gelehrte wartete eine Weile, dann fragte er: „Wirklich?" Nun griff er unter den Tisch und holte eine Schüssel voller Kieselsteine hervor. Behutsam schüttete er sie über die großen Steine und schüttelte den Krug ein wenig, bis alle Kiesel sich zwischen den Steinen verloren hatten.

Wieder blickte er die Manager an und fragte noch einmal: „Ist der Krug jetzt voll?"

Seine klugen Manager begannen zu verstehen – und vorsichtig antwortete einer „wahrscheinlich nicht".

„Gut", sagte der Gelehrte, bückte sich wieder und holte einen Eimer Sand hervor. Langsam goss er den Sand in den Krug, wo er die Zwischenräume zwischen den Steinen und Kieseln füllte.

Und wieder fragte er: „Ist der Krug jetzt voll?"

„Nein!", kam die Antwort jetzt aller ohne Zögern.

„Gut", sagte der Gelehrte, nahm einen Eimer mit Wasser und füllte nun wirklich das steinerne Gefäß voll bis zum Rand.

Dann blickte er auf und fragte: „Welche große Wahrheit zeigt uns das Experiment?"

Nach kurzem Nachdenken über das Vortragsthema antwortete der mutigste Manager: „Es zeigt sich, dass wir noch viele kleinere Termine annehmen können, auch wenn wir das Gefühl haben, längst ausgebucht zu sein!"

„Aber nein!", erwiderte der alte Gelehrte. „Das ist es nicht. Die große Wahrheit, die uns dieses Experiment zeigt ist: Wer die großen Steine nicht zuerst in den Krug legt, bringt sie später nicht mehr hinein."

Große Stille folgte diesen Worten, während den Managern ihre Bedeutung nach und nach aufging. Der Gelehrte fragte: „Welches sind die großen Steine Ihres Lebens? Ihre Gesundheit? Ihre Familie? Ihre Freunde? Die Erfüllung Ihrer Träume und Wünsche – oder nur das zu tun, wozu Sie gerade Lust haben? Lernen? Für eine gute Sache kämpfen? Sich Zeit nehmen? Oder etwas ganz anderes?"

Und er fügte hinzu: „Sie müssen sich immer daran erinnern, die großen Steine zuerst in Ihr Leben zu packen – sonst verfehlen Sie es. Geben Sie den Nebensächlichkeiten, dem Wasser, dem Sand den Vorrang, bleibt Ihnen nicht mehr genug Raum für die wichtigen Dinge des Lebens. Also vergessen Sie nie zu fragen, was die großen Steine sind. Erst dann legen Sie sie in den Krug!"

Mit einer freundlichen Geste grüßte er die Zuhörer und ging langsam aus dem Raum.

## Fazit

Die Geschichte mag zum Nachdenken anregen. Ein jeder möge für sich erkennen und entscheiden, welches seine großen Steine sind, mit denen er seinen Krug füllen möchte, ob er den Krug von vornherein randvoll füllen will oder ob er noch Luft lassen möchte für Kieselsteine, für Sand oder nur für Wasser.

Zuerst die großen Steine, danach die kleineren. So gelingt es, Freiräume sinnvoll zu nutzen und Ergebnisse zu verbessern.

# Der Manager und die Zeit

Klaus hatte es eilig. Wie immer. Die Termine drängten und die Verabredung in Berlin wartete schon auf ihn. Es ging um wichtige Dinge, die es zu besprechen und zu entscheiden galt. Er war einer dieser wichtigen Manager unserer Zeit. In der Abflughalle des Frankfurter Flughafens lief er schnellen Schrittes und zielorientiert an den Wartenden vorbei zum Check-in-Schalter. Während er bereits mit der linken Hand in seiner Jackentasche nach dem Ticket suchte, nutzte er die wertvolle, aber aus seiner Sicht „tote Zeit", um noch weitere Abstimmungen mit seinem Büro durchzuführen. Sein Handy hatte er dabei zwischen Hals und Schulter eingeklemmt, während er mit der rechten Hand routiniert seinen Blackberry bediente, um einen Blick auf die eingegangenen E-Mails zu werfen.

Einige Wortfetzen seines Telefonats wurden auch für Unbeteiligte hörbar: „… ja soweit, genau so machen wir das, informieren Sie bitte gleich Schröder, wie ich entschieden habe. Ich muss jetzt Schluss machen und einchecken … wir haben gleich Take-off, sowie ich wieder touch-down bin, melde ich mich."

Noch während des Fluges nach Berlin kontrollierte der Manager seine Termine der kommenden Woche in seinem Zeitmanagementplanbuch. Keine Lücke mehr, ein Meeting folgt auf das nächste und die Videokonferenz am Dienstagabend muss auch noch vorbereitet werden. Es ist einfach ein gutes Gefühl, so erfolgreich zu sein, so gefragt zu sein, dachte der Manager. Anstrengend ist es mit der Zeit aber auch. Dann und wann rebellierte auch schon mal der Körper und spielte nicht mehr so richtig mit. Bei der Stewardess bestellte sich der Manager eine Kopfschmerztablette und verdrängte diesen Gedanken an seine Gesundheit.

Dann ließen die Müdigkeit und die Anstrengungen der letzten Tage den Manager einnicken. Die Stimme des Piloten aus dem Bordlautsprecher weckte ihn und kündigte die Landung in Berlin an. Eigentlich träumte er nicht oft. Aber dieses Mal sah er den Traum noch ganz deutlich vor sich: Er hatte sich im Traum gerade frisch verliebt und konnte die Schmetterlinge im Bauch noch nachfühlen. Ein Gefühl, das er lange nicht mehr gehabt hatte. Er hatte seine neue Liebe erwartungsvoll angeschaut, sein Zeitmanagementplanbuch zur Hand genommen und – einen Radiergummi. Eine ganze Woche hatte er einfach frei radiert und dann zu seiner neuen Partnerin gesagt: „Liebling, nenn' mir den Namen der Insel."

Dieser Traum machte den Manager sehr nachdenklich.

## Fazit

Jemand, der sagt, er habe keine Zeit, macht es sich zu einfach. Es geht um die richtigen Prioritäten zur richtigen Zeit. Die Balance von Arbeit und Leben sorgt für Leistungsfähigkeit und ist der Schlüssel für die eigene Gesundheit. Vielleicht gelingen Ihnen künftig auch Termine mit sich selbst.

# Dreh' dich mal um!

Wieder einmal kommt ein junger Manager, der zielstrebig und ehrgeizig ist, in seine Coaching-Sitzung. Der Coach merkt schon am Gang und am Gesichtsausdruck des Mannes, wie angestrengt und gestresst dieser ist. So wartet er erst einmal, bis er sich gesetzt hat, und atmet selbst tief durch, um ruhig und entspannt zu bleiben.

Manchmal beginnt er die Sitzung mit einer Frage, doch heute entscheidet er sich, einfach zu sitzen, zu schweigen und dem jungen Mann mit seinen Blicken zu signalisieren: „Ich bin aufmerksam und wenn du möchtest, höre ich dir jederzeit zu." Auf einmal fängt der junge Mann an zu sprudeln, von all seinem Ärger zu berichten: Eine junge Mitarbeiterin, die seine Aufträge nicht so ausführt, wie er es benötigt; seine Kollegen, die sich immer über Vorgaben und Entscheidungen des Vorstands aufregen und versuchen, sich gegenseitig auszubooten; dazu kommt noch der Streit mit seiner Frau, die ihm täglich mehr Vorwürfe macht, dass er nie zuhause ist und sie und seinen Sohn vernachlässigt. Und schlussendlich seinen Ärger und Frust darüber, dass er seinem Lebensziel mit keinem Schritt näher kommt.

Da fragt ihn der Coach: „Welches Ziel ist es denn, welchem Sie näher kommen wollen?" „Ach, ich weiß auch nicht", antwortet der junge Mann frustriert und demotiviert. „Ich arbeite, arbeite und arbeite, beeile mich, eile pünktlich von Termin zu Termin, erledige meine Aufträge und Arbeitsziele immer rechtzeitig und zur vollen Zufriedenheit von Kunden und Vorständen. Ich bin erfolgreich, habe ein eigenes Haus, habe Familie, alle sind gesund, ich habe ein tolles Auto und kann mit diesem wunderbar schnell durch die Lande fahren. Ich eile und eile und komme doch nicht da an, wo ich gerne hin möchte."

Als der Coach dies so hört und sieht, dass der junge Mann im Laufe des Erzählens immer nervöser wird, sich hektisch durch die Haare fährt und mit dem rechten Auge nervös blinzelt, fragt er: „Wo möchten Sie denn in Ihrem Leben gerne ankommen?"

Der Mann weiß es nicht, ist ratlos, wirkt verzweifelt. Am Ende der Coachingstunde, der junge Mann ist zumindest ein wenig ruhiger geworden, machen die beiden einen neuen Termin aus. So gehen zwei oder drei Coachingsitzungen ins Land. Meist mit ähnlichem Verlauf. Jedoch haben alle diese Sitzungen gemeinsam, dass der Mann jedes Mal äußert, er komme nicht an. Als der Coach dies wieder einmal hört, sagt er: „Wenn Sie sich immer so beeilen, vielleicht kommt dann Ihr Lebensziel nicht hinter Ihnen her?!"

## Fazit

Menschen in Eile verlieren den Blick fürs Wesentliche.

Hektik und Schnellsein bringen Unruhe und Unwohlsein in das eigene Leben.

Manchmal hilft es, innezuhalten, zu verweilen und damit für neue Ideen und Gedanken offen zu bleiben. Innezuhalten auch, um sein eigenes Lebensziel zu überdenken und zu prüfen, ob ich noch auf dem für mich richtigen Weg bin.

# Mut zur Lücke

Inmitten der oberen Schneidezähne hatte sie ihr Domizil aufgeschlagen, und es war ihr wohl dabei. Sie genoss den Ausblick, der sich ihr bot, wenn die Person, die sie beherbergte, den Mund öffnete. Und das geschah eigentlich doch recht häufig.

Die Zähne rechts und links sahen das allerdings anders. Sie ärgerten sich über diese unverschämte Zahnlücke. Nicht genug, dass diese ihnen meistens die Schau stahl. Immer wieder hörten sie Leute sagen: „Sieh mal, diese Zahnlücke!" Als wenn es nur diese Zahnlücke gäbe! Nur selten sagte jemand: „Sieh, die herrlichen Schneidezähne neben der Zahnlücke!" Wer wollte es den Zähnen übelnehmen, dass sie sich darüber ärgerten?

Das andere aber wog vielleicht noch schwerer. Diese elende Zahnlücke störte ihre familiäre Einigkeit und Einmütigkeit. Nun konnten sie nicht mehr wie früher in enger Geschlossenheit auftreten und imponieren.

Dass die Lücke sich an diesem Platz hatte einnisten können – das wussten die Zähne natürlich nur zu gut –, war ja auf das schmähliche Versagen eines Kollegen zurückzuführen. Aber wer gibt schon gern Fehler und Schwächen in den eigenen Reihen zu? So verlegten sie sich halt aufs Schimpfen und Nörgeln. Als ob das die Lücke schließen würde!

Die Zunge übrigens hintendran war manchmal schon froh um diese Lücke. Sie konnte hier und da im letzten Moment noch hineinschlüpfen und sich noch retten, wenn die Zähne in ihrer vorschnellen Art zubissen. Dass sie wiederum die „vorschnelle Art" den Zähnen unterschob und sich nicht auch selbst einmal in Frage stellte, ist eine Sache für sich. Man sieht eben die Fehler viel leichter beim anderen!

„Das ist doch alles nur halb so schlimm!", sagte schlichtend der Weisheitszahn. „Bedenkt doch, dass die Zahnlücke auch vieles zu bewältigen hat: ihre Einsamkeit, an der wir nicht ganz unschuldig sind!"

## Fazit

Wie eine Lücke doch für Ausgleich und Gerechtigkeit sorgt. Der berühmte Mut zur Lücke kommt nicht von ungefähr.

Gegenseitige Wertschätzung und Akzeptanz sind die Grundlage erfolgreicher Teamarbeit.

# Der Hase und der Igel

Es war an einem Sonntagmorgen in der Herbstzeit. Die Sonne war golden am Himmel aufgegangen, der Morgenwind blies warm über die Stoppeln und die Lerchen sangen in der Luft, kurz, alle Geschöpfe waren vergnügt, auch der Igel. Er stand vor seiner Tür, hatte die Arme übereinandergeschlagen und sang fröhlich ein Liedchen vor sich hin.

Da fiel ihm auf einmal ein, er könne ein bisschen im Felde spazieren gehen und zusehen, wie denn die Steckrüben ständen. Dort begegnete ihm der Hase, der gerade ausgegangen war, um nach seinem Kohl zu sehen. Der Igel grüßte ihn freundlich, der Hase aber, der glaubte, ein vornehmer Herr zu sein, antwortete nichts auf des Igels Gruß, sondern sagte zu ihm: „Wie kommt es denn, dass du schon so früh am Morgen im Feld herumläufst?" „Ich gehe spazieren", sagte der Igel. „Spazieren?", lachte der Hase. „Ich glaube, du könntest deine Beine auch wohl zu besseren Dingen gebrauchen."

Den Igel ärgerte diese Antwort sehr, denn Kritik an seinen Beinen konnte er nicht vertragen, weil sie von Natur aus schief sind. „Du bildest dir wohl ein", sagte nun der Igel zum Hasen, „dass deine Beine besser sind?" „Aber wohl", sagte der Hase. „Sei dir da nicht so sicher", meinte der Igel, „ich wette, dass ich schneller laufen kann als du." „Das ist ja wohl zum Lachen", sagte der Hase, „aber meinetwegen können wir es ausprobieren. Um was wollen wir wetten?" „Einen Golddukaten und eine Flasche Schnaps", schlug der Igel vor. „Einverstanden", sprach der Hase, „schlag' in die Wette ein, von mir aus kann's gleich losgehen."

„Nein, nicht gleich", meinte der Igel. „Ich bin noch ganz nüchtern; erst möchte ich nach Hause gehen und ein bisschen frühstücken. In einer halben Stunde bin ich wieder hier."

Gutgelaunt wartete der Hase, voller Freude auf den Golddukaten und die Flasche Schnaps. Und der Igel dachte bei sich: „Den Hasen werde ich drankriegen. Er verlässt sich auf seine langen Beine, aber ist doch nur ein dummer Kerl."

„Als der Igel zu Hause ankam, sagte er zu seiner Frau: „Liebe Frau, zieh' dich schnell an, du musst mit mir ins Feld hinaus." „Warum denn?", fragte die Frau. „Ich habe mit dem Hasen um einen Golddukaten und eine Flasche Schnaps gewettet, dass ich schneller laufen kann als er, und da brauche ich deine Hilfe." „Hast du den Verstand verloren?", schrie die Frau des Igels. „Ich weiß schon, was ich tue", antwortete der Igel ruhig. „Bitte zieh' dich einfach an und komme mit."

Als sie kurz darauf unterwegs waren, sprach der Igel zu seiner Frau: „Schau', dort auf dem langen Acker wollen wir den Wettlauf machen. Der Hase läuft in der einen Furche und ich in der andern, und von oben fangen wir an zu laufen. Du hast weiter nichts zu tun, als dich hier unten in die Furche zu stellen, und wenn der Hase bei dir ankommt, dann rufst du ihm entgegen: Ich bin schon hier!" Der Igel wies seiner Frau ihren Platz an und ging nun den Acker hinauf.

Als er oben ankam, war der Hase schon da. Ungeduldig fragte er: „Kann es losgehen?" „Jawohl", erwiderte der Igel. Und dann stellte sich jeder in seine Furche. „Eins, zwei, drei!", zählte der Hase und sauste in rasendem Tempo den Acker hinunter. Der Igel aber lief nur ein paar Schritte, dann duckte er sich in die Furche nieder und blieb ganz ruhig sitzen. Als der Hase am unteren Ende des Ackers ankam, rief ihm die Frau des Igels entgegen: „Ich bin schon hier!" Der Hase stutzte und wunderte sich sehr. Doch er meinte, es wäre der Igel selbst, der ihm das zurufe, denn die Frau des Igels sieht geradeso aus wie ihr Mann.

Und so meinte er: „Das geht doch nicht mit rechten Dingen zu", und rief: „Lass' uns doch noch einmal laufen!" Und wieder preschte er los. Die Frau des Igels aber blieb ruhig auf ihrem Platz. Als der Hase oben ankam, rief ihm der Igel entgegen: „Ich bin schon hier!" Der Hase aber, ganz außer sich vor Ärger, schrie: „Lass' uns doch noch einmal laufen!" „Mir recht", antwortete der Igel, „meinetwegen können wir immer weiter laufen."

Wir wissen nicht, ob der Hase wirklich dreiundsiebzig Mal gelaufen ist wie im Märchen und beim vierundsiebzigsten Mal tot umfiel. Sicher aber ist: Der Igel bekam den Branntwein und den Golddukaten, und seine Frau war von da an richtig stolz auf ihn.

## Fazit

Unterschätze nie andere Menschen, meist können sie viel mehr als du denkst.

Umgib' dich nur mit Dingen, die auch zu dir passen – so wie der Igel die richtige Frau gewählt hat, solltest auch du dir die richtigen Partner suchen.

Stürze dich nicht unbedacht in Abenteuer, überlege dir immer gut, was du tust, und schaue nicht nur nach vorne, sondern auch nach rechts und links.

Setze Ressourcen richtig ein, so wie es auch der Igel getan hat.

# Autoren und Quellen

**Alles ist so anstrengend:** Stefanie Widmann, Wege der Kooperation, München, s-widmann@t-online.de

**Angekommen?** Sylvia Löser & Walter Bachsteffel, Karvounari, Griechenland, kaskarvu@otenet.gr

**Angst als Chance:** Ulrike Tangermann-Hübner, Unterschleissheim

**Atemnot:** Stefanie Widmann, Wege der Kooperation, München, s-widmann@t-online.de

**Ausgeleuchtet:** Peter Flume, RhetoFlu, Nürtingen, info@rhetoflu.com

**Betrug:** Günter Suda, Bad Vöslau, Österreich, office@suda.at

**Das Frühstücksritual:** Peter Bratenstein, Publicis KommunikationsAgentur GmbH, Erlangen, peter.bratenstein@publicis.de, nach: Nossrat Peseschkian, Der Kaufmann und der Papagei. Frankfurt, 1979

**Das Mobile:** Anita Stork, Rüsselsheim, anikastork@web.de

**Das neue Haus:** Elke Meyer, Improve-KompetenzEntwicklung, Wolfsburg, elke.meyer@improve-ke.de

**Das Seepferdchen:** Stefanie Widmann, Wege der Kooperation, München, s-widmann@t-online.de

**Das verkannte Rassepferd:** Theresia Tauber, München, ttw.tauber@t-online.de, nach: Theresia Arndt, Meister Lius Traktate zur Erneuerung in Krisenzeiten, Frankfurt 1994 – Übersetzung/Interpretation eines 1400 Jahre alten chinesischen Regierungshandbuches, S. 73/74)

**Der Admiral mit der Handcreme:** Theresia Tauber, München, ttw.tauber@t-online.de, nach traditionellen chinesischen Motiven

**Der Aufzug:** Stefanie Widmann, Wege der Kooperation, München, s-widmann@t-online.de, frei nacherzählt nach Luise Vieider, keytrain, Südtirol

**Der Dieb:** Peter Bratenstein, Publicis KommunikationsAgentur GmbH, Erlangen, peter.bratenstein@publicis.de, nach: Nossrat Peseschkian, Der Kaufmann und der Papagei. Frankfurt, 1979

**Der Drachentöter:** Alexa Hardtke, München, hardtke@t-online.de, nacherzählt

**Der entgleiste Nachbar:** Peter Krötenheerdt, Leipzig, peter.kroeten heerdt@web.de, inspiriert durch Paul Watzlawicks Geschichte vom Hammer

**Der Frühling ist blind:** Stefanie Widmann, Wege der Kooperation, München, s-widmann@t-online.de, frei nacherzählt

**Der gefangene Ball:** Theresia Tauber, München, ttw.tauber@t-online.de

**Der Hase und der Igel** Gerhard Seitfudem, Publicis KommunikationsAgentur GmbH, Erlangen, gerhard.seitfudem@publicis.de, frei nach der bekannten Parabel

**Der Krug und die Steine:** Ulrich Thöne, KiTT Kompetenz, ulrich.thoene@bdvt.de, frei nacherzählt

**Der leere Schreibtisch:** Gerhard Seitfudem, Publicis KommunikationsAgentur GmbH, Erlangen, gerhard.seitfudem@publicis.de

**Der magische Müsliriegel:** Thomas Dybowski, München, thomas.dybowski@gmx.de

**Der Manager und die Zeit:** Andreas Wenzlau, aw management consulting, Emmendingen, info@wenzlau.de

**Der Pessimist:** Andreas Wenzlau, aw management consulting, Emmendingen, info@wenzlau.de

**Der Schamane:** Peter Bratenstein, Publicis KommunikationsAgentur GmbH, Erlangen, peter.bratenstein@publicis.de, nach: Dan Millman, Der Pfad des friedvollen Kriegers. Interlaken, 1987

**Der Skikurs:** Thomas Dybowski, München, thomas.dybowski@gmx.de

**Der Sohn des Bauern:** Peter Bratenstein, Publicis KommunikationsAgentur GmbH, Erlangen, peter.bratenstein@publicis.de, nach: Dan Millman, Der Pfad des friedvollen Kriegers. Interlaken, 1987

**Der sparsame Kaufmann:** Peter Bratenstein, Publicis KommunikationsAgentur GmbH, Erlangen, peter.bratenstein@publicis.de, nach: Nossrat Peseschkian, Der Kaufmann und der Papagei. Frankfurt, 1979

**Der Stolz der Telegrafenstange:** Andreas Wenzlau, aw management consulting, Emmendingen, info@wenzlau.de, nach: Dieter Theobald, Stets zu Diensten, ISBN 3-7655-3532-X, Brunnen Verlag

**Der Stunt:** Theresia Tauber, München, ttw.tauber@t-online.de

**Der sture Bock:** Andreas Hauzenberger, München, andreas. hauzenberger@t-online.de

**Der „Traum"-Mann:** Markus Christopeit, Christopeit Coaching-Beratung-Training, Denklingen, mc@christopeit-cbt.com

**Der tote Mitarbeiter:** Alexa Hardtke, München, hardtke@t-online.de, nacherzählt

**Der unmusikalische Flötenspieler:** Theresia Tauber, München, ttw.tauber@t-online.de, nacherzählt nach Theresia Arndt; Meister Lius Traktate zur Erneuerung in Krisenzeiten, Frankfurt 1994 – Übersetzung/Interpretation eines 1400 Jahre alten chinesischen Regierungshandbuches, S. 61

**Der zufriedene Fischer:** Andreas Wenzlau, aw management consulting, Emmendingen, info@wenzlau.de, in Anlehnung an Heinrich Böll

**Die Geschichte vom Rabbi, der Ziege und den Hühnern:** Gudrun Lenz-Neumeier, Murnau, gudrun.lenz-neumeier@t-online.de, nach einer bekannten Geschichte

**Die Geschichte vom verlorenen Mitarbeiter:** Dr. Christoph Labude, Hünstetten, dr.labude@t-online.de

**Die goldene Kuh:** Theresia Tauber, München, ttw.tauber@t-online.de, frei nach Theresia Arndt; Meister Lius Traktate zur Erneuerung in Krisenzeiten, Frankfurt 1994 – Übersetzung/Interpretation eines 1400 Jahre alten chinesischen Regierungshandbuches, S. 149f

**Die Herrscher der Welt:** Bodo Dreisbach, Bodo Dreisbach Unternehmensberatung, Bad Tölz, info@bodo-dreisbach.com, nach: Bodo Dreisbach, Birgit Knobl: Der Bäckermeister oder wie man ein Unternehmen führt. Erlangen, Publicis 2003

**Die Hummel und der Schmetterling:** Elke Meyer, Improve-KompetenzEntwicklung, Wolfsburg, elke.meyer@improve-ke.de

**Die Lücke zum Besten:** Bodo Dreisbach, Bodo Dreisbach Unternehmensberatung, Bad Tölz, info@bodo-dreisbach.com

**Die Fesseln der Gewohnheit:** Ulrike Tangermann-Hübner, Unterschleissheim, nach: Paulo Coelho „Der Elefant oder Die dünnen Fesseln der Gewohnheit"

**Die Macht des Wortes:** Alexa Hardtke, München, hardtke@t-online.de, nach: Hildegard Knill, Knill+Knill Kommunikationsberatung, www.knill.com

**Die Milch des Drachen:** Theresia Tauber, München, ttw.tauber@t-online.de

**Die Ordnung der Welt:** Günther Feyler, Grassau/Chiemsee, feyler-mdf-tw@t-online.de, nach: www.seelentau.at

**Die Reise:** Stefanie Widmann, Wege der Kooperation, München, s-widmann@t-online.de

**Die Schnecke:** Jenny Schubert, IMAGE!, Berlin, schubert@image-work.de, nach: Norbert Lechleitner: „Balsam für die Seele", in „Zielstrebig", Freiburg im Breisgau 1998

**Dreh' Dich mal um!** Stefanie Widmann, Wege der Kooperation, München, s-widmann@t-online.de

**Drei Schwestern:** Stefanie Widmann, Wege der Kooperation, München, s-widmann@t-online.de

**Erleuchtung:** Peter Bratenstein, Publicis KommunikationsAgentur GmbH, Erlangen, peter.bratenstein@publicis.de, nach: Dan Millman, Der Pfad des friedvollen Kriegers. Interlaken, 1987

**Francos Zorn:** Bärbel Scholz, Penzberg, baerbel.scholz@surfeu.de

**Freiheitskämpfern auf der Spur, oder: Der Nabel der Welt:** Sylvia Löser & Walter Bachsteffel, Karvounari, Griechenland, kaskarvu@otenet.gr

**Hot Pot:** Theresia Tauber, München, ttw.tauber@t-online.de

**Im Garten:** Peter Bratenstein, Publicis KommunikationsAgentur GmbH, Erlangen, peter.bratenstein@publicis.de, nach: Nossrat Peseschkian, Der Kaufmann und der Papagei. Frankfurt, 1979

**In Japan:** Bodo Dreisbach, Bodo Dreisbach Unternehmensberatung, Bad Tölz, info@bodo-dreisbach.com, nach: Bodo Dreisbach, Birgit Knobl: Der Bäckermeister oder wie man ein Unternehmen führt. Erlangen, Publicis 2003

**In Singapur:** Ulf Pillkahn, Siemens AG, München, ulf.pillkahn@ siemens.com, nach: Ulf Pillkahn, Trends und Szenarien als Werkzeuge zur Strategieentwicklung, Erlangen 2007

**Jahrtausendwende:** Peter Flume, RhetoFlu, Nürtingen, info@ rhetoflu.com

**Kartoffelchips:** Gerhard Seitfudem, Publicis Kommunikations Agentur GmbH, Erlangen, gerhard.seitfudem@publicis.de

**König Akbar und die Schnur:** Günther Feyler, Grassau/Chiemsee, feyler-mdf-tw@t-online.de, nach einer bekannten Geschichte

**Lob und Leistung:** Bodo Dreisbach, Bodo Dreisbach Unternehmensberatung, Bad Tölz, info@bodo-dreisbach.com

**Meister, Meister:** Stefanie Widmann, Wege der Kooperation, München, s-widmann@t-online.de, frei nacherzählt nach kehr & wannemüller, München, 089155040-0001@t-online.de

**Missklang im Orchester:** Stefanie Widmann, Wege der Kooperation, München, s-widmann@t-online.de

**Mut zur Lücke:** Andreas Wenzlau, aw management consulting, Emmendingen, info@wenzlau.de, nach: Dieter Theobald, Stets zu Diensten, ISBN 3-7655-3532-X, Brunnen Verlag

**Nägel-in-die-Wand-Schlagen:** Gerhard Seitfudem, Publicis KommunikationsAgentur GmbH, Erlangen, gerhard.seitfudem@ publicis.de

**Nur nicht durchdrehen:** Andreas Wenzlau, aw management consulting, Emmendingen, info@wenzlau.de, nach: Dieter Theobald, Stets zu Diensten, ISBN 3-7655-3532-X, Brunnen Verlag

**Ready for Take-off?** Peter Flume, RhetoFlu, Nürtingen, info@ rhetoflu.com

**Respekt, Respekt:** Peter Krötenheerdt, Leipzig, peter.kroetenheerdt @web.de

**Schmutziges Geld:** Ulrich Thöne, KiTT Kompetenz, ulrich.thoene@bdvt.de, frei nacherzählt

**Sie befinden sich…** Günter Suda, Bad Vöslau, Österreich, office@suda.at

**Smalltalk:** Elke Meyer, Improve-KompetenzEntwicklung, Wolfsburg, elke.meyer@improve-ke.de

**Smaragdstaub:** Theresia Tauber, München, ttw.tauber@
t-online.de

**Süße Beeren:** Stefanie Widmann und Bärbel Scholz, s-widmann@
t-online.de, baerbel.scholz@surfeu.de, frei nacherzählt nach
Friedrich Rückert, veröffentlicht auf der CD „Only Guitar Parab-
les" von David Qualey, veröffentlicht von Stockfisch, Vertrieb:
ROUGH TRADE, Herne

**Trio dentale:** Andreas Wenzlau, aw management consulting,
Emmendingen, info@wenzlau.de, nach: Dieter Theobald, Stets
zu Diensten, ISBN 3-7655-3532-X, Brunnen Verlag

**Verbrannte Energie:** Elke Meyer, Improve-KompetenzEntwicklung,
Wolfsburg, elke.meyer@improve-ke.de

**Vom stillen Augenblick:** Andreas Wenzlau, aw management consulting, Emmendingen, info@wenzlau.de, nach: Dieter Theobald, Stets zu Diensten, ISBN 3-7655-3532-X, Brunnen Verlag

**Vom wahren Reichtum:** Günther Feyler, Grassau/Chiemsee, feyler-
mdf-tw@t-online.de, nach: www.seelentau.at

**Vom Zauber des Übens:** Peter Bratenstein, Publicis KommunikationsAgentur GmbH, Erlangen, peter.bratenstein@publicis.de,
nach: Nossrat Peseschkian, Der Kaufmann und der Papagei.
Frankfurt, 1979

**Was machen Sie denn so?** Bodo Dreisbach: Bodo Dreisbach Unternehmensberatung, Bad Tölz, info@bodo-dreisbach.com, nach:
Bodo Dreisbach, Birgit Knobl: Der Bäckermeister oder wie man
ein Unternehmen führt. Erlangen, Publicis 2003

**Was von uns bleibt:** Ulrich Thöne, KiTT Kompetenz,
ulrich.thoene@bdvt.de, frei nacherzählt

**Wie kommt der Apfel zum Scheich?** Thomas Dybowski, München,
thomas.dybowski@gmx.de

**Wie man's auch macht…** Peter Bratenstein, Publicis KommunikationsAgentur GmbH, Erlangen, peter.bratenstein@publicis.de,
nach: Nossrat Peseschkian, Der Kaufmann und der Papagei.
Frankfurt, 1979

**Wissen ist Macht:** Günter Suda, Bad Vöslau, Österreich,
office@suda.at

**Zeit für Sinne:** Andreas Wenzlau, aw management consulting,
Emmendingen, info@wenzlau.de

**Zeit ist relativ – die peinliche Pause:** Peter Flume, RhetoFlu, Nürtingen, info@rhetoflu.com

**Zwei Mönche:** Stefanie Widmann, Wege der Kooperation, München, s-widmann@t-online.de, nach: www.zeitzuleben.de. Frei nacherzählt nach „The Wisdom of Zen Masters", ©Tania Konnerth & Ralf Senftleben

# Mehr Bücher für Coachs und Trainer

Elke Meyer, Stefanie Widmann
## FlipchartArt
Ideen für Trainer, Berater und Moderatoren

2006, 165 Seiten, 129 farbige Abbildungen,
gebunden, ISBN 978-3-89578-260-2, € 34,90

Peter Flume
## PowerStories
Informieren, mitreißen und überzeugen
mit Powerpoint-Präsentationen

2003, 145 Seiten, 30 farbige Abbildungen,
gebunden, ISBN 978-3-89578-212-1, € 34,90

Klaus-Günter Struck
## Der Coaching-Prozess
Der Weg zu Qualität: Leitfragen und Methoden

2006, 249 Seiten, 30 Abbildungen, gebunden
ISBN 978-3-89578-265-7, € 39,90

Roland Papenfuß
## Randnotizen
Neues von Radio Flurfunk

2007, 184 Seiten, gebunden
ISBN 978-3-89578-300-5, € 16,90

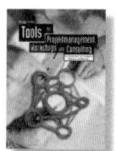

Nicolai Andler
## Tools für Projektmanagement, Workshops und Consulting
Ein Kompendium der wichtigsten
Techniken und Methoden

2008, 304 Seiten, 107 Abbildungen, gebunden
ISBN 978-3-89578-264-0, € 39,90